「よくある失敗」と「対策」がわかる

野菜づくり

藤田 智 著

芸社

はじめに…

いつも食べている野菜を自分でつくってみたいと思っても、難しそう…、大変そう…、どうやればいいのか分からない…。というイメージがあってなかなかチャレンジできないでいる人も多いのではないでしょうか。しかし、すべての野菜が難しいわけではありません。種類によっては、あまり手入れをしなくても勝手に育ってくれる野菜もあります。

本書では、家庭菜園で野菜をつくりたいと思っている人のために、なるべく育てやすい野菜や人気のある野菜を中心に、簡単で安全にできるつくり方を紹介しています。また、各野菜ごとに、初心者が失敗しやすい点と、失敗してしまったときの対処法も紹介しています。

もぎたてのトマトやキュウリ、朝どりのみずみずしいレタスやキャベツ、とれたてのエダマメを塩ゆでしてビールとともに…。自分の手で一生懸命育てた野菜を収穫する喜びと、とれたてのおいしさを味わうという野菜づくりの醍醐味を、ぜひ体験してみてください。

藤田 智

「よくある失敗」と「対策」がわかる野菜づくり

Contents

Part 1
野菜づくりの基本

Part 2

野菜づくりカタログ

中国野菜

ハーブ

STAFF　企画・編集／（株）ナヴィ インターナショナル
編 集／木村俊亮、菊池友彦
レイアウト＆編集アシスタント／石川太郎
カメラ／天野憲仁（日本文芸社）
装 丁／釜内由紀江（GRiD）
撮影協力／長島勝美、佐野徳治園、恵泉女学園園芸短期大学、恵泉女学園大学
（株）アタリヤ農園、（株）サカタのタネ
写真提供／カネコ種苗（株）、（株）サカタのタネ

Part 1

野菜づくりの基本

春の野菜

植物たちがいっせいに芽吹く春。冬の寒さに耐えた野菜たちが、春の暖かさを感じて喜んでいるかのように元気な姿を見せてくれます。イチゴは真っ赤に色づいて甘い香りを漂わせます。ホウレンソウは葉を輝かせ、コマツナはシャキシャキと歯ごたえのよい立派な葉を繁らせます。キャベツはずっしりと太り、タマネギは長い眠りから覚めます。ソラマメがさやを大きく太らせ、サヤエンドウは色鮮やかなさやを実らせます。また、ラディッシュは土からかわいらしい姿をのぞかせ、畑を彩ります。

キャベツ　春に収穫するキャベツはやわらかくて甘みが強く絶品(P.180)

コマツナ　ツヤと張りのある葉は歯ごたえが格別(P.156)

ジャガイモ　掘り出したときの感動がたまらない(P.120)

タマネギ　秋に植えたタマネギは春になってようやく姿を見せてくれる(P.140)

サヤエンドウ　エンドウの美しい花が見られるのも家庭菜園ならでは(P.96)

ホウレンソウ　春のホウレンソウは、葉が軟らかくておいしさも抜群(P.152)

イチゴ　真っ赤に色づいて大きな実をつけたイチゴは、畑を甘い香りで包み込む(P.84)

サヤエンドウ　鮮やかな緑色のさやの歯ごたえがたまらない(P.96)

ラディッシュ　赤くきれいなラディッシュは菜園でも人気者(P.130)

夏の野菜

燦々《さんさん》と降り注ぐ太陽の恵みをたっぷりと浴びた夏野菜。真っ赤に熟したトマト、青々と実をつけたキュウリ、ツヤツヤとして張りのあるピーマン。立派な実をつけるトウモロコシ、ずっしりと重いカボチャ、パンパンに実をふくらませたナス。インゲンはおいしそうにさやをふくらませ、夏の風物詩のスイカは、大きな実をつけます。ツヤとハリがあってやわらかいチンゲンサイ、夏の暑さを忘れさせるような爽やかな苦みのニガウリ……。バラエティ豊かな野菜が、畑に活気を与えます。

トマト　真っ赤に熟したみずみずしい果実は、菜園の人気ナンバー1（P.42）

スイカ　丸々と大きな果実を実らせるスイカは夏の風物詩（P.88）

トウモロコシ　生で食べる未熟果のヤングコーンは菜園ならではの味（P.70）

ミニトマト　小さい果実を口に入れると甘みが広がる（P.42）

ピーマン　プリプリとした果実を実らせるピーマン（P.58）

ナ ス　丸々と大きく育った米ナスは、収穫が楽しみな野菜(P.54)

チンゲンサイ　小さめのチンゲンサイはやわらかくて抜群のおいしさ(P.204)

ニガウリ　青々としたニガウリは独特の苦みがやみつきに(P.80)

キュウリ　とれたてのキュウリにかぶりつくのも家庭菜園ならではのぜいたく(P.48)

インゲン　花が咲いて15日頃のさやは、歯ごたえもよくおいしい(P.100)

秋冬の野菜

「実りの秋」といわれるように、豊かな味覚が楽しめる秋。そして、寒さの中で栄養と旨みをたっぷりと蓄える冬は、葉もの野菜や根もの野菜がおいしい季節です。初夏に植えつけた長ネギが甘みを蓄えて大きく育ち、真っ白で丸々と太ったカブが土から姿を見せます。丸く結球したレタスはみずみずしく、色鮮やかなニンジンは甘みがあっておいしくなります。また、ブロッコリーやカリフラワーは、びっしりと密集した立派な花蕾《からい》をつけ、ミニチュアサイズの結球が可愛らしいメキャベツが収穫をむかえます。

カブ　甘くやわらかい歯ごたえがたまらない(P.132)

ネギ　鍋料理に欠かせない長ネギ(P.144)

サツマイモ　掘り出すときの楽しみが待ち遠しい(P.124)

メキャベツ　小さくてもひとつひとつしっかりと結球している（P.184）

ニンジン　甘く栄養たっぷりなニンジンは、必ず育ててみたい野菜（P.118）

ダイコン　丹念に育ててきたダイコンを引き抜く瞬間は、育てた人にしか味わえない（P.134）

ブロッコリー　ビッシリと密集した花蕾を食べるブロッコリー（P.172）

レタス　丸く結球したレタスの収穫は何ともいえない喜び（P.170）

野菜づくりのプランニング

つくりたい野菜が決まったら、どんな組み合わせで野菜をつくるかがポイントです。ここでは、効率よく栽培するための畑のモデルプランを紹介します。

連作障害を防ぐ野菜づくり

野菜づくりを成功させるためには、あらかじめ菜園のプランニングを決めることが大切です。やみくもに野菜をつくってしまうと、効率よく栽培できなかったり、失敗する原因となってしまいます。

例えば、同じ畑(場所)に同じ野菜(あるいは同じ科の野菜)を連続してつくることを「連作《れんさく》」といいますが、野菜の種類によっては連作をすることで土壌病害や土壌養分の均衡がくずれたりして、病害虫や生育障害が発生するものが数多くあります。

連作障害が起こりやすいのは、果菜類ではナス科同士、ウリ科同士、マメ科同士などです。葉菜類ではハクサイ、チンゲンサイ、コマツナなどアブラナ科を連作すると、根コブ病が起こりやすくなります。

このように連作による障害を防ぐためには、「輪作《りんさく》」といって野菜の種類を次々に変えて栽培することが大切です。また、堆肥などの有機物を施したり、石灰で土壌のpH値を調整する、病害虫に強いつぎ木苗や抵抗性品種を選んで栽培することで、連作障害を避けることができます。

●主な野菜の連作障害

野菜名	障害
トマト	青枯れ病、萎凋《いちょう》病
キュウリ・スイカ・メロン	つる割れ病、センチュウ
ナス	青枯れ病、半身《はんしん》萎凋《いちょう》病
ピーマン	立枯《たちがれ》性疫病《せいえきびょう》、ネコブセンチュウ
エンドウ	立ち枯れ病
コマツナ・ハクサイ・キャベツ	根コブ病

●休栽が必要な主な野菜とその年数

休栽年数	野菜の種類
1年間以上	トウモロコシ、シロウリ、イチゴ、ホウレンソウ、ネギ、キャベツ、コマツナ、レタスなど
2年間以上	キュウリ、オクラ、タマネギ、ニラ、ハクサイ、ラッカセイなど
3年間以上	ピーマン、トマト、シシトウ、インゲン、ジャガイモ、セロリ、ミツバなど
4〜5年間以上	ナス、ソラマメ、エンドウ、ミニゴボウなど
連作障害の少ない野菜	カボチャ、ズッキーニ、ダイコン、ラディッシュ、サツマイモ、ニンジンなど

プランを立てて失敗のない野菜づくりを目指しましょう

1年目の春から夏のプラン

まず、1区にはキュウリを植えつけます。1区をさらに2つに分けてキュウリと一緒にトウモロコシ、モロヘイヤを植えてもよいでしょう。2区にはキョウナ、チンゲンサイを植えつけます。3区にはインゲン(つるなし)、エダマメを植えつけましょう。

4区にはトマト、ミニトマトを植えつけます。畑が広い場合は、4区をさらに区切って一緒にナスを植えつけてもよいでしょう。

また、畑の周囲にマリーゴールドや花ニラなどを植えつけると、センチュウの回避や病気の抑制に効果があります。農薬を使わない野菜づくりを目指しましょう。

1年目の秋から冬のプラン

秋から冬にかけては1区のキュウリの後にダイコンを植えつけます。

2区のキョウナ、チンゲンサイの後にはレタス、サニーレタスを植えつけます。

3区のインゲン(つるなし)、エダマメの後にはシュンギク、ホウレンソウ、ラディッシュがおすすめです。また、シュンギク、ラディッシュの収穫後、11月中旬〜下旬頃にタマネギを植えつけましょう。

4区はトマト、ミニトマトの後にハクサイとブロッコリーを植えつけましょう。10月中旬〜下旬頃からイチゴの植えつけ適期となりますので、畑の縁取りに植えると翌年の5月中旬頃から収穫できます。

マリーゴールドを植えるとセンチュウ被害を予防できます

●1年目の畑のモデルプラン

区画	春〜夏	秋〜冬
1区画	キュウリ(トウモロコシ、モロヘイヤ)	ダイコン
2区画	キョウナ チンゲンサイ	レタス サニーレタス
3区画	インゲン(つるなし) エダマメ	シュンギク ホウレンソウ ラディッシュ (11月中旬〜下旬にタマネギ)
4区画	トマト ミニトマト (ナス)	ハクサイ ブロッコリー (10月中旬〜下旬にイチゴ)

2年目の春から夏のプラン

2年目からは、連作に注意して作づけします。そのため、基本的に各区でつくった野菜と違う種類を植えつけていきます。

1区にトマト、ミニトマトを植えつけます。畑が広い場合はナスなども植えつけるとよいでしょう。

2区にはキュウリを植えつけます。キュウリの本数を少なくしてトウモロコシを植えつけてもよいでしょう。特にトウモロコシは畑の余計な養分を吸収してくれるクリーニングプランツの代表ですので、輪作に組み入れるとその後につくる野菜の生育がよくなります。

3区はキョウナ、チンゲンサイを植えつけます。ただし、1年目に植えつけたタマネギが、5月下旬頃に収穫期を迎えますのでその後作です。

4区はインゲン（つるなし）、エダマメを植えつけます。また、1年目に畑の周囲に植えつけたイチゴからランナーが伸びてきますので、ポットに受けて育苗（P.87参照）します。

秋から冬のプラン

秋から冬は1区にハクサイ、ブロッコリーを植えつけましょう。キャベツでもかまいません

2区にダイコン、3区にレタス、サニーレタスを植えつけます。4区にはシュンギク、ホウレンソウ、ラディッシュがおすすめです。また、11月中旬～下旬頃、シュンギク、ラディッシュの後にタマネギを植えつけます。

その後の生育をよくするためにも、トウモロコシを輪作に入れると便利です

3区はタマネギの収穫が終わってから作づけしましょう

●2年目の畑のモデルプラン

区画	春～夏	秋～冬
1区画	トマト ミニトマト （ナス）	ハクサイ ブロッコリー （キャベツ）
2区画	キュウリ （トウモロコシ）	ダイコン
3区画	キョウナ チンゲンサイ	レタス サニーレタス
4区画	インゲン（つるなし） エダマメ （5月～6月頃に イチゴのランナーとり）	シュンギク ホウレンソウ ラディッシュ （11月中旬～ 下旬にタマネギ）

3年目の春から夏のプラン

3年目ともなると、野菜づくりもだいぶ慣れてくるはずです。前年よりも質のよい野菜づくりを目指しましょう。

1区にインゲン（つるなし）、エダマメを植えつけます。暑さに強いエンサイを栽培してもよいでしょう。

2区にはトマト、ミニトマト、ナスを植えつけます。その際一画にピーマンを一緒に栽培してもよいでしょう。

3区にはキュウリを植えつけます。その際に畑の一画にニガウリ、トウモロコシ、オクラなどを植えつけてもかまいません。

4区にはキョウナ、チンゲンサイを植えつけます。チンゲンサイのかわりにコカブを栽培してもよいでしょう。

秋から冬のプラン

1区にはシュンギク、ホウレンソウ、ラディッシュがおすすめです。また、11月中旬～下旬頃になり、シュンギク、ラディッシュの収穫を終えたら、その後にタマネギを植えつけましょう。

2区には秋作の定番野菜のハクサイ、キャベツ、ブロッコリーなどを植えつけます。

3区にはダイコンを植えつけます。4区にはレタス、サニーレタスを植えつけます。レタスの収穫後にべたがけをしてホウレンソウの栽培をすると、質のよいものが収穫できるので挑戦してください。

●3年目の畑のモデルプラン

区画	春～夏	秋～冬
1区画	インゲン（つるなし） エダマメ （エンサイ）	シュンギク ホウレンソウ ラディッシュ （11月中旬～下旬にタマネギ）
2区画	トマト ミニトマト ナス （ピーマン）	ハクサイ キャベツ ブロッコリー
3区画	キュウリ （一画にニガウリ、トウモロコシ、オクラ）	ダイコン
4区画	キョウナ チンゲンサイ （コカブ）	レタス サニーレタス （収穫後にホウレンソウ）

同じ畑（場所）でトマトをつくりたい場合は？

1.つぎ木苗を植える

トマトの連作障害は主に土壌病害（青枯れ病、萎凋《いちょう》病など）によるので、抵抗性のあるつぎ木苗を植えましょう。

2.天地返し

野菜をつくる軟らかい土層（作土層）と硬い層（耕盤）の下にある土（心土）を交換する、天地返しを行いましょう。

3.堆肥など有機物の施用

堆肥などの有機物を畑にたくさん投入することで、連作障害を防ぐ対策になります。

4.土壌消毒

1～3の方法でも不安な場合は、農薬による土壌消毒の方法もあります。

畑の土づくり

菜園プランが決まったら、今度は土づくりを行います。よい土壌をつくることは、野菜のおいしさや収量のよしあしを決める大切なポイントです。

畑をきれいにする

まず最初は、畑とその周囲の状態をよく観察することが大切です。畑には雑草、石、ゴミなどが転がっていますので、それらを取り除いてきれいにしてやることが大切です。また、木の枝などで日当たりが悪い場所もありますので、そのような木の枝などをはらっておくことも必要です。

土の健康診断

野菜は土中に根を伸ばすことで、体を支え土中から水分や養分などを得ています。ですから、やせた土地や水はけの悪い土地など、条件の悪い土壌ではいい野菜はできません。そこで、畑をきれいにした後は、土の健康診断を行ってみましょう。

健康状態を見るためには4つのチェックポイントがありますので、それぞれやってみましょう。

【土の種類をチェック】

適当な水分を含んだ土を固く握りしめてみます。固まらないでくずれるようならば砂質土、かたまりを指で押してくずれるならば物理性のよい土、指でかたまりを押しても砕けずへこむだけという場合は粘質土ということになります。

土層と水はけのチェック

① 畑の中央を掘る

1か所を30cm以上掘って、軟らかい土の層が何cmあるか調べます

② 耕盤《こうばん》までの深さを測定

耕盤という硬い層までの深さが、10~15cm以下の場合はスコップで深く耕します

③ 水はけをチェック

土を掘り、指で軽く押してみてもくずれないようだと水ハケの悪い土

有機物(堆肥など)を加えると、指で軽く押すと簡単にくずれる水はけのよい土になります

【土層のチェック】

畑の真ん中を1か所30cm以上掘って、軟らかい土の層が何cmあるか調べます。土を掘っていくと耕盤《こうばん》という硬い層にぶつかります。そこまで20～30cm以上あれば十分ですが、10～15cm以下の場合はスコップで深く耕して作土を深くします。

【水はけチェック】

水はけのチェックは、20～30mm程度の雨が降った1～2日後に行います。掘ると土がほぐれるようであれば水はけがよい土といえます。しかし、2～4日たっても掘りあげた土がねばねばしてほぐれないようだと、水はけの悪い土です。

【土の酸度チェック】

土の酸度を測定するには、さまざまな方法があります。pH試験紙を使えば家庭でも簡単に測定できます。

深さ15cm程度（深ければ深いほど正確）の土を移植ゴテで掘り出し、2.5倍の蒸留水を加えてよく攪拌《かくはん》します。30秒後に、上澄み液にpH試験紙をつけて色の変化を見ます。また、スギナ、オオバコ、ハハコグサ、ジシバリ、カヤツリグサ、スイバなどの雑草がはびこっている土は、まず酸性と考えてよいでしょう。

ホウレンソウ、エダマメ、レタス、インゲン、ネギなどを栽培していて生育障害が見られた場合は、土壌が酸性であることを疑ってください。

酸度チェックの仕方

① 土を採取

同じ畑でも場所によってpH値が違う場合があるので、数か所の土を採取します

② 蒸留水を加えて攪拌

採取した土を容器に入れ、2.5倍の蒸留水を注いで攪拌します

③ 上澄み液に試験紙を浸す

30～60秒待って、上澄みの部分に試験紙をつけます

④ カラーチャートと合わせる

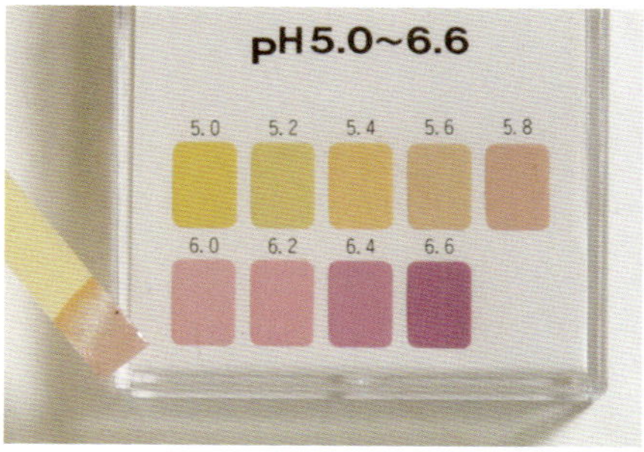

カラーチャート表と照らし合わせてpH値をチェックします

●主な野菜のpH値の目安

強度	野菜の種類	pH値
酸性に**弱い**	ナス、ゴボウ、タマネギ、ホウレンソウ、アスパラガス	6.0～7.0
	トマト、キュウリ、メロン、エンドウ、ニンジン、キャベツ、ブロッコリー、レタス、セロリ	5.5～6.5
	トウモロコシ、インゲン、サツマイモ、サトイモ、カブ、ダイコン、パセリ	5.5～6.0
酸性に**強い**	スイカ、ジャガイモ	5.0～5.5

土づくりの基本は「耕す、砕く、畝立て」

土を耕す、土を砕く、畝《うね》を立てることが土づくりの基本です。同時に石灰散布（酸性の矯正）、堆肥散布（有機物投入）、化成肥料散布（養分補給）も行います。

土を耕す（耕起）

踏み固められたり雨で密になった土を耕すことで、土に空気が取り入れられて、通気や排水性がよくなります。そのため、根の活動が活発になり、育ちがよくなります。また、畑の雑草は、耕して草を土の中にすき込むことによって、除草することができます。

作業としては、くわやスコップで土を30cmぐらいの深さまで掘り起こして土を反転させます。このとき石灰を1m^2当たり100～200g散布して、一緒にすき込みます。

【土を砕く（砕土）】

耕して1週間くらいしたら、今度はくわなどで土を砕きます。土を砕いておくと、種まきや苗の植えつけの作業がらくになります。また、野菜の根の張りや伸び具合がよくなります。

土を砕く際に、堆肥などの有機物を1m^2当たり2kg程度入れてやるとよいでしょう。

【畝立て】

畝とは、野菜の種をまいたり苗を植えつけたりするために、畑の土を細長く盛り上げたベッドのようなものです。

畝立てとは畝をつくることです。くわやレーキなどを使ってきれいな畝をつくりましょう。

土づくりの準備（耕す）

① 石灰を散布

必要量の石灰を散布します

② 30cmの深さに耕す

❶くわで30cmぐらいの深さを掘り起こすように耕します

❷スコップで土を掘り返してもよいでしょう

畝のつくりかた（幅60cm、高さ10cm）

① ひもを張る

畝幅に合わせてひもを2本張ります

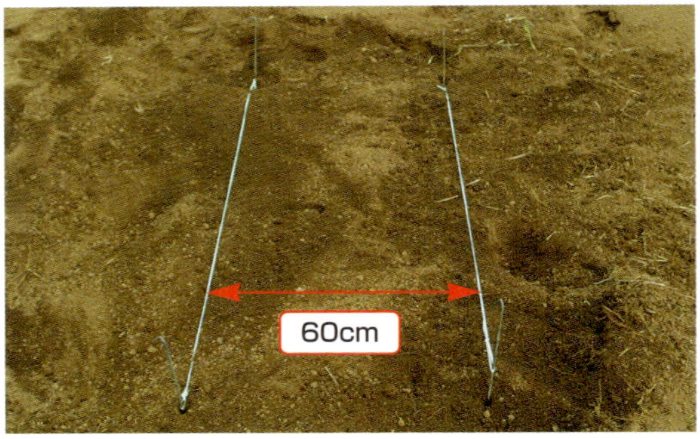

② 堆肥と化成肥料を散布

全面施肥の場合

堆肥と化成肥料を散布してよくすき込みます

このときに$1m^2$当たり100gの化成肥料を施すとよいでしょう。肥料の散布方法には、畑全面に散布する全面施肥と、畝に溝を掘り、その溝に散布する作条施肥があります。一般的に作条施肥のほうが収量が高いようです。

また、畝は高さによって平畝（5〜10cm）と高畝（20〜30cm）があります。

畝の向きは、平地では東西方向につくる場合が多く、傾斜地では等高線に沿ってつくる場合が多いようです。

【平畝のつくりかた】

幅60cmの畝をつくるには、60cm間隔で2本のひもを張ります。ひもの内側に堆肥と化成肥料をまいてすき込みます。

ひもの外側の土を掘り、ひもの内側に入れて畝を高くします。表面をくわかレーキで平らにして完成です。作条施肥の場合は中央に深さ15cmの溝を掘り、そこに堆肥と化成肥料を入れて土を埋め戻します。

【高畝のつくりかた】

高畝は水はけの悪い畑や、地下水位が高いなど湿害の出やすい畑の場合に使います。

全面施肥の場合、畝の両側に畝幅に合わせてひもを張り、全面に堆肥と化成肥料を散布してくわでよく耕します。

ひもの周囲の土をひもの内側に入れて20〜30cmの高さに盛り上げます。レーキなどで表面を平らにして完成です。

作条施肥の場合

❶畝の中央に溝を掘ります

❷溝に堆肥と化成肥料を施します

❸土を戻します

③ ひもの両側から土を盛る

❶ひもに沿って外側から内側に土を入れます

❷両側の土を入れます

④ 平らにならす

❶レーキで表面をきれいにならします

❷ひもを外して完成です

種まきの基本

野菜づくりでは種を畑に直接まきつけるじかまき栽培と、種をポットなどにまいて、ある程度育った苗を畑に植えつける移植栽培とがあります。

じかまきのしかた

畑に直接種をまくじかまきの方法には、すじまき、点まき、ばらまきという3種類あります。

これらは野菜の種類や、種をまく場所によって使い分けます。

また、じかまきをする前にはまき床（畝《うね》）をつくることも大切です。畝の表面がでこぼこだと低いところに水がたまって、過湿になってしまうので、なるべく畝の表面をレーキなどで平らにならします。畑が狭い場合は幅の広いベッド状の畝を立てて栽培するほうが効率がよいでしょう。

【すじまき】

すじまきとは溝に1列に種をまく方法で、まき溝が1列だと1条まき、2列だと2条まきといいます。この方法は種まきや間引きに時間がかからず、除草、追肥、土寄せなどの栽培管理が比較的行いやすく、ホウレンソウ、カブ、ニンジン、ゴボウなどの野菜に向いています。

畝にまっすぐな溝をつけ、種を1cm間隔程度にまいていきます。種と種との間隔が狭いとジャングルのように密集してしまい、間引きが大変になります。種をまいた後は、土をかぶせて手で軽くおさえます。

すじまき

① 畝に溝をつける

支柱などの棒で畝に溝をつけます

② 種をまく

約1cm間隔で種をまいていきます

③ 土をかぶせる

❶指でつまむようにして土をかぶせます

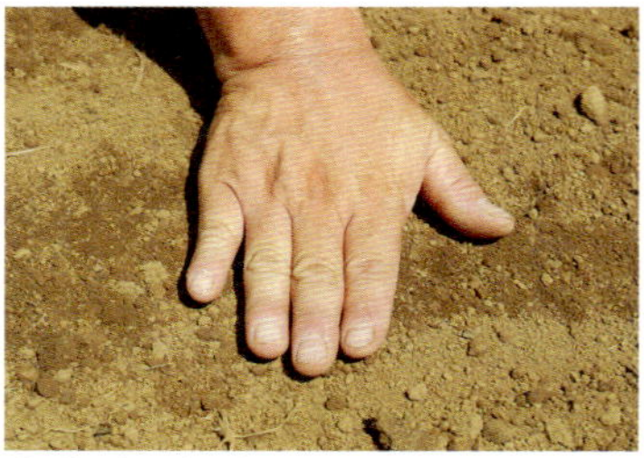

❷手で軽く土を押しつけます

覆土は、種の直径の3倍の厚さの土をかけるのが基本ですが、野菜の種類や土の性質によってかえる必要があります。また、ナス科、ウリ科、アブラナ科などの種は3倍量を基本に覆土しますが、ニンジン、セロリ、レタスなどは発芽の際に光を必要とするので、種が見えかくれする程度に薄く土をかぶせます。

【点まき】

点まきは畝の上に一定間隔（株間）で数粒ずつの種をまく方法で、種の節約と間引きが容易というメリットがあります。ダイコン、ハクサイ、トウモロコシなど大型の野菜に向いています。

まき場所にひもを張り、空き缶やビール瓶の底などで、深さ1〜2cmのまき穴を一定の間隔（ダイコンの場合は30cm）でつけます。

1か所に種を数粒まき、1cm程度の土をかぶせて、手で軽くおさえます（種の数と株間、覆土の量は野菜によって異なります）。

【ばらまき】

畝の表面全体に種をパラパラとまんべんなくまく方法で、面積当たりの収穫量が増えますが、逆に管理が大変なので生育期間の短い野菜（ラディッシュやホウレンソウなど）で行います。

畝の表面に種を均等にパラパラとまきます。次に種が隠れる程度に土をかぶせます。ばらまきはもっとも簡単なまきかたですが、種がたくさん必要で、まきムラもできやすく、間引きが遅れると徒長するので注意が必要です。

点まき

① 畝にひもを張る

畝にまっすぐひもを張ります

② くぼみをつける

ひもに合わせて缶や瓶の底で、等間隔でくぼみをつけます

③ 種をまく

1か所に数粒種をまきます

④ 土をかぶせる

くぼみに土を入れ手で軽くおさえます

ばらまき

① 種をまく

畝にパラパラと種をまきます

② 土をかぶせる

種が隠れる程度に土をかぶせます

ポットまきのしかた

最近はガーデニングブームのおかげで、園芸店などでもナスやトマトやキュウリなど、おなじみの野菜だけでなくいろいろな種類の苗も販売されるようになりました。家庭菜園では、苗を購入したほうが簡単で失敗しにくいので得策です。種まきから自分の手で育てたい人や、苗が市販していないような珍しい野菜やどうしてもつくってみたい品種があるという人は、多少難しいかもしれませんが、ポットなどに種をまいて苗を育ててみるとよいでしょう。

種まきから収穫までの期間が短いホウレンソウやコマツナ、ダイコンやニンジンなどの地中に深く根を伸ばす直根類は根が又根《またね》になってしまうためポットまきはできません。そのほかの野菜はだいたいポットまきが可能です。

ポットまきに使う土は市販のものでかまいませんが、赤土（赤玉土小粒）50～60％、腐葉土30～40％、バーミキュライト10～20％に、石灰と化成肥料を用土1リットル当たりそれぞれ1～2gを混ぜた、自家製培養土でもよいでしょう。

ポットの底に約3cm×3cmに切った網を敷き、用土を入れ、平らにならします。土の量はポットの縁から1～2cmぐらい下までにして、ウォータースペースを取ります。

土に指でくぼみをつけ、そこに種をまきます。土をかぶせて手で軽くおさえます。種をまいた後はたっぷりと水をやり、以降は野菜の種類に合わせて管理します。

ポットまき

① 資材を準備する

種、ポリポット、ネット、用土などを準備します

② ネットを敷く

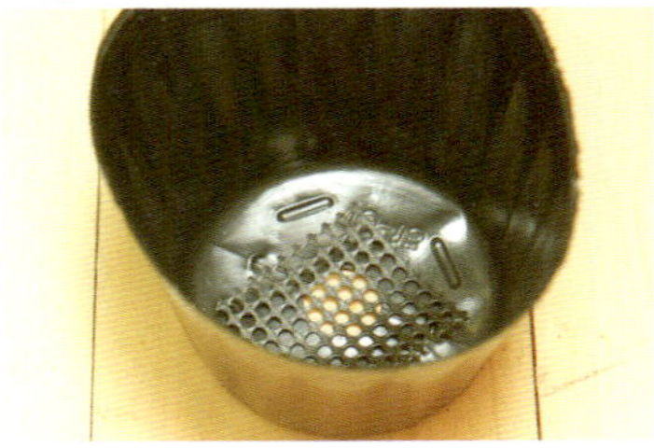

ポットの底に約3cm四方の網を敷きます

③ 用土を入れる

ポット縁から1～2cm下ぐらいまで用土を入れます

④ 指でくぼみをつける

種をまく数だけ指で2～3cmぐらいの深さにくぼみをつけます

⑤ 種をまく

くぼみに種をまきます

⑥ 土をかぶせる

手で土をおさえてなじませます

種まき後の管理

じかまきでもポットまきでも、いくら種をまいても芽が出てこなければ意味がありません。そのため、種を確実に発芽させるためにも、なるべく発芽条件を保ってやることが大切です。

種の発芽には水分、温度、酸素が必要です。しかも、育てる野菜の種類によって環境条件が異なるので、野菜の特性をよく理解しましょう。

【水やりをしっかりと】

種をまいた後は、じょうろでやさしくたっぷりと水やりをします。土が乾くと発芽が遅れたり、発芽率が低下したりします。

【適温をキープする】

野菜の種類によって発芽の適温は異なりますが、レタスやセロリは18〜20℃と冷涼な気温を、トマトは25〜28℃とやや高温を好みます。特性に合わせた発芽適温を保ちましょう。

【間引き】

まいた種がすべて発芽するわけではありません。さまざまな原因で発芽しなかったり、発芽しても途中で枯死したり、虫害を受けたりするため、あらかじめ必要な株数の数倍の種をまきます。

そうすると必要以上の芽が出てくるわけですから、幼苗時に順次不要な株を引き抜き、健全な株を残して充実させます。

この作業を間引きといい、株間を調整したり、不良株を淘汰することができます。

発芽するまでの管理

① 水やり

種まき後と種まき以降はしっかりと水をやり、土を乾かさないようにします

② 発芽適温をキープ

じかまきなら、べたがけや寒冷紗《かんれいしゃ》などを使って温度管理をするとよいでしょう

発芽後の管理

① 発育不良の苗を間引く

ポットまきや点まきなどは、発芽したら育ちのよい苗を残して、元気のない苗を間引きます

② 株間を調節するために間引く

すじまきの場合、間引きをしないと苗が密集しすぎてしまうため、等間隔で苗を間引いていきます

植えつけと水やり

市販の苗を購入したりポットまきで育てた場合など、苗を畑に植えつける方法と、植えつけ後の水のやりかたについて覚えましょう。

植えつけのしかた

ポットなどに種をまき、発芽してある程度育った苗を畑に植えかえる作業を、植えつけといいます。

苗を植えつけるには、一般的に植えつけの約2週間前までに石灰を施して土壌の調整を行い、1週間前までには堆肥、化成肥料などの元肥《もとごえ》を散布して耕しておくことが大切です(P.18〜21参照)。

また、植えつけ場所に畝《うね》立てした後、マルチング(P.28、29参照)をしておくと地温が上昇して苗の活着がよくなるので、野菜の種類によってはマルチを張ります。

また、キュウリなどの植えつけの前にあらかじめ支柱を立てておくやり方もありますから、それぞれの作業日程を調整して準備を行いましょう。

苗の植えつけは、できれば風のない曇った日が一番適しています。夏の場合、晴天だと日差しが強すぎて、しかも風が強い日だと植えつけた苗がしおれてしまったり、風で倒れたりします。茎が傷んだり折れてしまうこともあるので、注意が必要になります。

植えつけかたは、まず畝に移植ゴテで根鉢がすっぽりと入るくらいの植え穴を掘ります。野菜の種類

苗の植えつけかた

① 畝に植え穴を掘る

移植ゴテで根鉢が入るくらいの植え穴を掘ります

根鉢が少し出る浅植え

茎が少し隠れる深植え

② 植え穴に水を注ぐ

植え穴にたっぷりと水を注ぎます

によって、根鉢が少し出るくらい浅く植えつける浅植えと、茎が少し隠れるくらい深めに植えつける深植えとがあります。

次に、じょうろのハス口《くち》を外して手で覆い、植え穴にたっぷりと水を注ぎます。

水が引いたら根鉢を崩さないようにポットから苗を取り出します。その際に人さし指と中指で茎の根元をおさえ、苗を逆さにしてポットをていねいに外すと簡単に外れます。

植え穴に苗の根鉢を入れ、株元に土を寄せて手で軽くおさえつけて土となじませます。

また、植えつけ前に液体肥料を水で1,000倍に薄めたものを苗にかけておくと、活着しやすくなります。

水やりのしかた

植えつけ後は、新しい根が出るまでは吸水が十分ではないので、葉から水分が蒸発しすぎるとしおれたり葉が枯れたりします。特に乾燥が続いたり風が強い日にはそれが著しく、植え傷みを起こしてしまいます。

植え傷みを防ぐためにも、植え終わったら株元や畝全体にたっぷりと水をやりましょう。

植えつけ後の水やりについては、土が乾燥してきたら水やりをしたほうが活着を助けます。ただし、野菜の特性によっては乾燥を好む種類や、逆に湿った土壌を好む種類がありますので、それぞれの特性に合わせて行います。

③ ポットから苗を取り出す

❶人さし指と中指で茎の根元をおさえて苗を逆さにします

❷根鉢を崩さないようにていねいにポットを外します

④ 植えつけ

❶植え穴に苗の根鉢を入れます

❷株元に土を寄せます

❸株元を手で軽くおさえつけて土となじませます

水やりについて

●主な野菜の生育初期と最盛期の吸水量

野菜の種類	生育初期の吸水量	最盛期の吸水量
トマト	50～150ml	1,500～2,500ml
キュウリ	100～200ml	2,000～3,000ml
ピーマン	50～100ml	1,500～2,500ml
レタス	20～40ml	100～200ml
セロリ	50～100ml	300～500ml

マルチのかけかた

土の乾燥を防ぎ、地温を高める、雑草が生えるのをおさえるなど、マルチをかけることにより効率的な野菜づくりができます。

マルチング資材の役割

マルチング（略してマルチ）とは、土の表面や株元をポリフィルムで覆うことを意味します。マルチには、①地温を上げる、②土壌水分を保持して乾燥を防ぐ、③雑草が生えるのを防除する（黒マルチの場合）、④雨による土の跳ね返りを防ぎ、病害を防除するなどの役割があります。

通常多く使用されているのがポリフィルム製のポリマルチで、色は透明、黒、シルバーなどがあります。透明マルチは地温をかなり上昇させますので、冬の栽培に最適です。黒マルチは地温上昇させるほか、雑草の繁殖を抑える効果があります。シルバーストライプマルチは、地温がそれほど上昇しないので夏の栽培などに適しているばかりか、太陽光が反射するためアブラムシの防除に有効です。一般的に家庭菜園でよく使われているのは黒色マルチです。

また、幅のサイズもさまざまで、市販されているものでは95cm、135cm、150cmなどが一般的ですが、畝《うね》幅に合わせて使い分けましょう。

さらに、植えつけの際に便利な

マルチのかけかた

① 畝幅よりも広いマルチを用意する

畝幅よりも広いマルチを畝の端にのせます

② マルチのすそを固定する

マルチのすそを畝の端に埋めて、土を足で踏んでしっかりと固定します

③ マルチを伸ばす

マルチを畝よりも長く伸ばしてピンと張ります

ように等間隔で穴があいているものや、株間などの目安になる目盛りがついているものなどさまざまな種類があります。目的や予算に応じて使いやすいものを利用しましょう。

また、最近では土の中で分解される生分解性のマルチも販売されていますが、やや高価なので、予算に応じて購入しましょう。

マルチのかけかた

慣れるまではマルチをかけるのは難しいかもしれませんが、コツさえ覚えてしまえば、誰にでも簡単に行えます。

マルチのかけかたは、まず畝をつくって表面をなるべく平らにならします。次に、畝幅よりも広いマルチ（左右約15cmぐらい）を置きます。畝の端にマルチのすそを、土にしっかりと埋めて足で踏むか、くわの背の部分で土をトントンとたたいて固定します。

畝の長さよりも長めにマルチを伸ばして、すそを土で埋めて固定します。そのままくわでザクザクとすくようにして、マルチを切ります。

畝の両側も土で埋めて固定します。その際にマルチを足で踏みながら土をかけていきます。シワにならないように、なるべくピンと張るようにしましょう。

マルチを張った直後は、風でマルチがバサバサしますので、畝の中心に土や石などをのせて重しをしておきます。畝が大きい（幅広い）場合は、2か所にのせるようにしましょう。

④ マルチを切る

❶ 畝の端に埋めてしっかりと固定します

❷ くわで切ります

⑤ 畝の両サイドを固定する

❶ 足で踏んでマルチをピンと張り、くわで土をかけます

❷ 同じようにして少しずつ土をかけていき、両サイドを固定します

⑥ 重しをする

風が入らないように畝の中央に土をのせます

寒冷紗《かんれいしゃ》のかけかた

寒冷紗は寒さ、暑さ、強風、大雨、害虫、鳥害など、さまざまな悪条件から野菜を守るのに効果的な方法です。

寒冷紗の役割

寒冷紗は低温期に幼苗や株の保温、または高温期に遮光することで暑さをしのぐために使います。具体的には、冬作の収穫期間を長くしたり、植えつけを早めたりすることが可能になります。

防寒や防暑以外にも、大雨や強風による株の倒伏を防いだり、光をあまり当てたくないときに遮光する効果や、物理的に害虫がつくのを防ぐ効果などもあります。

そのため、夏などの害虫が多く発生する期間に、寒冷紗をトンネル状にかけて栽培(トンネル栽培)すれば、無農薬栽培も可能になるわけです。

寒冷紗には、白と黒のものがありますので、目的に応じて使うとよいでしょう。

また、寒冷紗のほかに不織布(べたがけ資材)も被覆資材として多く利用されています。これは、作物の上に直接かけて栽培するものです。

寒冷紗と同じように、保温、防霜、発芽ぞろい(芽がそろって出る)、早どり、害虫防除、鳥害防除などさまざまな効果がありますので、用途や予算に応じて使い分けましょう。

寒冷紗のかけかた(トンネル)

① 畝《うね》の肩に支柱をさす

畝の肩に等間隔(50〜60cm)で支柱をさしていきます

② アーチ状にする

❶反対側の畝の肩に支柱をさしてアーチ状にします

❷アーチの高さをそろえます

寒冷紗のかけかた

寒冷紗のかけかたには、作物の上に直接かける方法と、支柱をアーチ状にかけてそこに寒冷紗をかけるトンネル栽培とがあります。寒冷紗はトンネルがけ、不織布（べたがけ資材）は作物の上に直接かけるべたがけによく使われています。

寒冷紗のかけかたは、まず、畝の溝に細い支柱や竹などを等間隔（約50～60cmぐらい）でしっかりとさしていきます。

次に支柱の先端を、畝をまたぐようにして反対側の畝の肩にさしてアーチ状にします。その際にアーチの高さをなるべくそろえるようにすると、きれいにトンネルがけができます。

寒冷紗をアーチにかぶせ、マルチ（P.28、29参照）をかける要領で、寒冷紗の周囲を土中に埋めて固定します。

その後、アーチ状にした支柱と支柱の中間に、ストッパーの支柱をさします。畝をまたぐようにして反対側の畝の溝に支柱をさして、寒冷紗を固定します。

不織布の場合は、種まき後や、発芽した苗の上に苗を圧迫しないように直接かけて、マルチと同じ要領で周囲を土中に埋めて固定します。

寒冷紗や不織布は、どちらも資材をかけた上から水をやることができます。

③ 寒冷紗をかける

❶アーチに寒冷紗をかけて端を土で埋めます

❷寒冷紗の周りを土で埋めて固定します

④ 支柱で固定する

❶支柱の間に支柱をさしていきます

❷アーチ状にして寒冷紗を固定します

直接かける場合はマルチングの要領で行います

栽培管理の主な作業

野菜の収穫までにはさまざまな作業を行います。ひとつひとつの作業が野菜をおいしく育てますので、ポイントをよく覚えておきましょう。

除《じょ》草《そう》

日本は雨が多く、春から秋まで比較的温度も高いので、雑草の生育も実に旺盛です。しかし、雑草は土壌の養水分を奪ったり、苗を覆って野菜の生育に悪影響を及ぼします。

特に苗の生育初期の幼植物では、苗が溶けて消えてしまうこともあります。逆に生育後半になれば、野菜が繁茂して雑草を抑えてくれます。

除草の方法は、雑草を手でむしったり、除草カマで刈り取る、レーキやホーなどを使って刈り取るとよいでしょう。

除草剤を使う方法もありますが、家庭菜園の場合は畑の面積も比較的狭いので、なるべくなら無農薬栽培を目指して安全な野菜をつくりましょう。

土《つち》寄《よ》せ

土寄せは、畝《うね》間《ま》の土を株元へ寄せて土を盛る作業です。土寄せには、株の倒伏を防ぐ、根菜類の地下部が露出して着色するのを防ぐ、雑草の発生を抑える、軟白する(長ネギなど)、低くなった畝《うね》を高くすることで排水がよくなるなどの効果があります。

除草のしかた

① 手や除草カマで雑草を取り除く

除草カマで行うと、除草だけでなく中耕の効果もあります

土寄せのしかた

① 株元に土寄せ

株元に土を寄せて株を安定させます

② 高く土寄せ

長ネギなどの軟白栽培では土をたっぷり寄せて高く盛り上げます

追《つい》肥《ひ》

野菜は、生育初期段階では養分の吸収量が少なく、中期および後期以降に養分を多く吸収する傾向があります。

そのため、元肥《もとごえ》としてすべての肥料を畑に施してしまうと、雨などによって養分が流れてしまい、養分損失が多くなってしまいます。

そこで、野菜の生育状態を見ながら肥料を追加して施す作業が追肥です。

追肥で施す肥料は主に化成肥料で、養分としては窒素です。追肥の場所や分量は野菜によって違いますが、追肥専用の化成肥料を株元や畝間に1m^2当たり30～50g程度施すのが一般的です。また、水で500～1,000倍に薄めた液体肥料を、葉面に散布する方法などもあります。

追肥専用の肥料はいずれも速効性なので、散布した後約2～3日で葉色が濃くなるなどの効果が表れます。

中《ちゅう》耕《こう》

しばらく畑を放っておくと、雨などの影響で土の表面が硬くなってしまいます。こうなると通気性や排水性が悪くなったり、知らないうちに雑草が繁殖してしまい、野菜の生育の妨げとなります。

そこで、畝間や株間の表層の土を軽く耕して雑草を除去し、土の表面を軟らかくする作業が中耕です。中耕は畑の様子を見ながら月に1～2回、追肥と土寄せをかねて行うのが普通です。

追肥のしかた

① 株間に追肥

株と株の間に肥料を施します

② 畝《うね》間《ま》に追肥

畝間に肥料を施します

③ 条間に追肥

株の列と列の間に肥料を施します

中耕の仕方

① 硬くなった土を耕す

❶雨などで土が硬くなったら中耕をします

❷畝の表面の土を耕して軟らかくします

摘心《てきしん》・わき芽《め》かき

茎の先端（生長点）を摘み取ることを摘心といいます。そして、葉と茎のつけ根から出るわき芽（側《そく》枝《し》）を摘み取ることをわき芽かき（摘芽《てきが》）といい、主に果菜類でよく行われる作業です。

例えば、トマトはすべてのわき芽を摘み取って、中心の茎を1本だけ伸ばして育てる1本仕立てで栽培されます。花房《かぼう》が5～6段になったら摘心する方法が一般的です。

摘心は着花を早める、わき芽かきは日当たりや風通しをよくしたり生育を調整することで、果実の肥大を促すなどの効果があります。

支柱《しちゅう》立《た》て

支柱立ては株が倒れるのを防ぐために行います。ほかにも、真っすぐに生育させ収穫が簡単になる、病害虫が発生しづらく防除もしやすい、収量が多くなるなどの効果があります。

また、植えつけ直後の苗は長さ30～50cmの短い支柱、仮支柱を苗のわきにさしてひもで誘引《ゆういん》し、株が倒れるのを防ぎます。

支柱を立てて栽培する主な野菜は、トマト、ナス、ピーマン、シシトウ、オクラなどの実をつけると重みで倒れてしまうような果菜類や、キュウリやニガウリなどのウリ類、エンドウやインゲン、ソラマメなどのマメ類、メロンなどつる性の野菜です。

支柱の立てかたは、支柱を交差させて交点に横竹を入れて強度を高める合掌式と、畝に支柱を

摘心・わき芽かきのしかた

① 茎の先端を摘み取る

茎の一番先端を手で折って摘み取ります

② わき芽を摘み取る

茎から伸びてきた芽を摘み取ります

支柱立ての種類

合掌式
トマト、キュウリ、ニガウリなどの野菜に利用されます

直立式
ナス、ピーマン、シシトウ、オクラなどに利用されます

垂直に立てる直立式があります。

合掌式はトマトやキュウリなど、草丈が高く伸び、果実の重い野菜によく利用されます。直立式は、ナス、ピーマン、シシトウなど、草丈がそれほど高くならない野菜などによく利用されています。ほかにも支柱の間にネットやひもを張るネット栽培という方法もあります。つる性の野菜などは、伸びてきたつるをネットにからませればよいので、よく利用されています。

また、支柱には先端がとがっているほうと丸くなっているほうがあります。支柱を立てる際は、必ずとがっているほうの先端を土にさすようにしましょう。

野菜の種類にもよりますが、合掌式の場合は、斜めに立てた支柱の片側ないし両側に支柱を斜めに渡して、支柱が交差する箇所をひもでしっかり結ぶことで強度が高まり、倒れにくい頑丈な支柱が組めます。

誘引《ゆういん》

立てた支柱に茎やつるを、ひもなどで結びつけることを誘引といいます。

誘引は茎やつるが生長して太くなることを考慮し、ひもを8の字に2～3回ひねって茎と支柱の間にゆとりを持たせて結ぶことが大切です。

支柱にきつく結んでしまうと、茎やつるの生育の障害になるばかりか、茎が傷んでしまったり、風によって折れてしまうことがありますので注意しましょう。

支柱の立てかた（合掌式）

① 支柱の先端をチェック

先端がとがっているほうを確認します

② 支柱をさす

畝の両側から支柱を斜めにさして、交差する位置が同じ高さになるようにして、交差しているところに支柱を1本渡します

③ ひもで縛って固定する

交差している箇所を、ひもが横と縦に渡るようにして縛ります

④ 補強の支柱を入れる

補強するために斜めに支柱を渡し、支柱の接点をひもで縛ります

誘引のしかた

① あそびをつくる

ひもを数回ひねってあそびをつくり、支柱に結びます

病害虫の対策

野菜づくりに病害虫被害はつきものです。いかに防除するかが重要なポイントとなりますので、病害虫についてよく知っておきましょう。

病害虫の予防

病害虫とは、野菜をつくる際に起こる病気や、野菜を食害する害虫などのことです。病害虫を防ぐために大切なことは、栽培環境を整えて管理をしっかりと行うことです。

具体的には、日当たりと風通しがよい場所を選んで栽培することです。庭でつくる場合は、ブロック塀などに隣接した場所は避け、南向きで風の抜ける場所が最適です。除草、間引き、中耕、土寄せなどの作業をしっかり行うことも、病害虫を防ぐことにつながります。

ほかにも、健全な土づくり、害虫の捕殺、健全な種苗の利用、抵抗性品種の利用、つぎ木苗の利用、輪作《りんさく》、マルチング、トンネル栽培、農薬散布、被害株の処理(病葉を摘む、病株を抜き取るなど)など実に多くの作業が必要になります。しかし、多少の被害は覚悟して栽培することも大切です。

病害虫の対処法

いくら予防を心がけても、病害虫はそう甘いものではありません。害虫はエサを求めて外から飛来しますし、病原菌は雨の跳ね返りなどで土から感染してしまいます。

●主な病害虫の種類と症状

病害の名称	症 状
ウドンコ病	葉の表面に白い粉状のカビが広がる
ウイルス病	葉にモザイク状の斑点が出て枯れる
尻腐れ病	幼果の先端が黒く変色してへこんで腐る(生理障害)
立ち枯れ病	地面近くの茎が腐ってしおれる
つる割れ病	地際の茎が枯れ、葉が黄色く変色して枯れる
軟腐病	地面近くの葉から全体が腐って悪臭を放つ
灰色カビ病	葉、茎、花に灰色のカビが出る
ベト病	葉に多角形の斑点ができ、やがて褐色になり葉裏に灰色のカビが生える
害虫の名称	**症 状**
アオムシ	主に葉を食害するモンシロチョウなどの幼虫
アブラムシ	葉、茎、根の汁液を吸う
キスジノミハムシ	幼虫は根を、成虫は葉を食害する。黒地に白い縦縞のある幼虫
コナガ	葉の裏にいて葉脈を残して葉を食害する。1cm程度の緑色の幼虫
スリップス	葉や花をかすり状にする。2mm程度の幼虫
センチュウ	土中に生息し根を腐らせたり根にコブができる
ハダニ	葉に群がり汁液を吸う。葉に白い斑点ができる
ヨトウムシ	夜間に葉や茎を食い荒らす。葉裏に卵をつけ、灰褐色のイモムシになる

●主な野菜に発生する病害と対策

野菜の名称	病気の名称	病気の対策
トマト	灰色カビ病	ダコニール1,000倍を散布
キュウリ	ベト病	サンボルドー、ビスダイセン水和剤などを散布
イチゴ	ウドンコ病	カリグリーンを散布

そのまま放置しておくと被害が拡大してしまうので、病気や害虫を発見したら効果的な対処が大切です。

原因がわかれば効果的な薬剤などを、使用時期、回数、濃度、散布量などに注意して散布します。農薬によっては逆に薬害が発生する場合もあるので、散布前に使用法をよく確認しましょう。

害虫や病気の名前がわからない場合は、都道府県の農業改良普及センターや、農協、園芸店などに相談するとよいでしょう。

無農薬栽培について

農薬は確かに効果が高いのですが、安全な野菜をつくるためには無農薬で育てたいものです。

害虫の場合、寒冷紗《かんれいしゃ》などでトンネル栽培をすることで防除できますし、シルバーストライプマルチを使えばアブラムシ防除に有効です。また、センチュウに有効なマリーゴールドを畑の縁取りに栽培することで、農薬に頼らなくても害虫を防除できる方法があります。もし害虫が発生したら、必ず捕まえて退治することが大切です。

ナスなどでは、散水栽培といって夕方にたっぷりと葉や株全体に水でシャワーをかけてやると、アブラムシの密度が減少します。そのほか、アブラムシに牛乳を散布するのも効果的です。

どうしても農薬に頼らなくてはいけない場合は、オレイン酸ナトリウム剤やBT剤という、安全性の高い生物農薬などが安全です。

●主な野菜に発生する害虫と対策

野菜の名称	害虫の名称	害虫の対策
トマト	テントウムシダマシ	捕殺、スミチオン乳剤の散布
ナス	ハダニ	粘着くん液剤を散布
ダイコン	アブラムシ	オレート液剤を散布
キャベツ	アオムシ・コナガ	BT剤を散布

薬剤散布のしかた

① 薬剤の表示を確認する

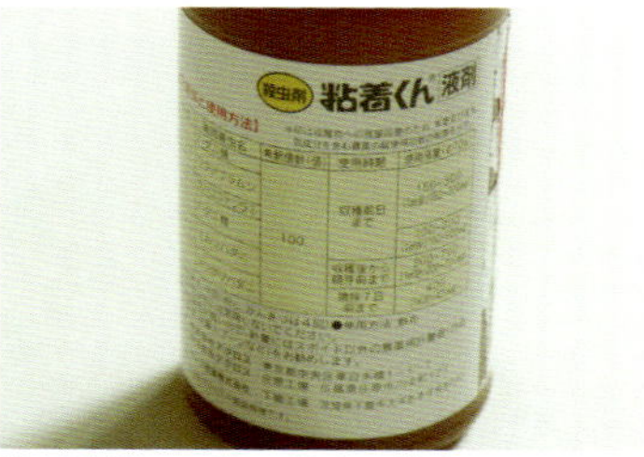

使用時期、回数、濃度、散布量などを確認します

② 薬剤の準備

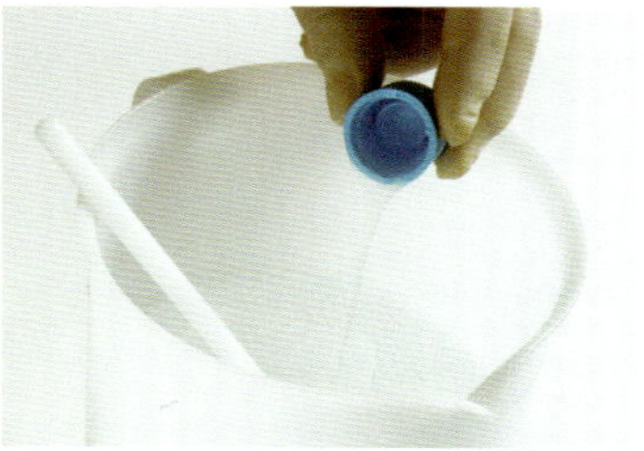
薬剤を所定量の水に加えてよく撹拌《かくはん》します

③ 葉裏に散布する

下から上に動かして害虫がつきやすい葉裏に散布します

④ 全体に散布する

20〜30cm離して全体にまんべんなく散布します

薬剤散布するときの服装と注意点

薬剤は皮膚につくのはもちろん、吸い込まないように注意が必要です。散布するときは、ゴム手袋、マスク、メガネ、長袖のシャツを着用して、風上から行います。また、散布した後には、顔や手をよく洗うようにしましょう。

そろえておきたい基本の道具

野菜づくりを楽しく、また効率よく行うために、そろえておくと便利な道具の種類とその使いかたについて説明しましょう。

道具（農機具）のいろいろ

野菜を収穫するまでには、さまざまな作業を行わなければなりません。そこで、くわやスコップなど、野菜づくりのさまざまな作業を能率的にこなすために必要な道具、あると便利な道具と、各道具の使い方について説明します。

各道具は使い終わったらよく洗い、土などを落としておきましょう。

移植《いしょく》ゴテ

畝《うね》に植え穴を掘ったり、ポットや鉢に土を入れたり、土を混ぜ合わせるときに使います。種まきや植えつけの際にも欠かせない道具です。

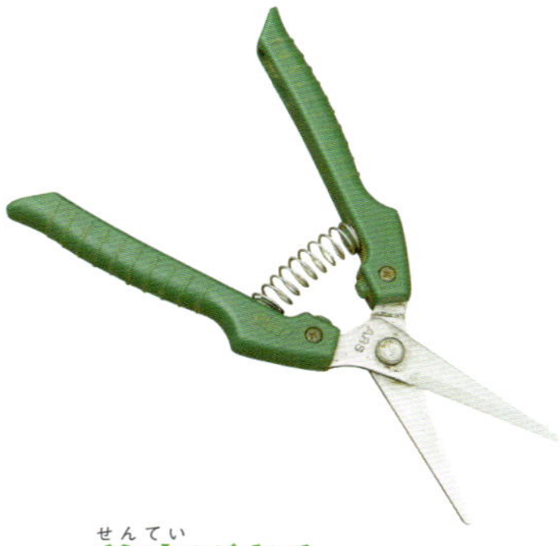

剪定《せんてい》ばさみ

野菜づくりの場合、果菜類の収穫、整枝《せいし》などによく使います。特にナスなどは果実をもぎ取ろうとすると株を傷めてしまいます。

くわ

土を耕す、掘り返す、畝をつくる、土寄せするなど、野菜づくりには欠かせない道具です。地方によって刃の長さ、角度などが異なっていますので好みのものを選びましょう。

スコップ

土を掘り返す、天地返し、用土の配合や混合をするときなどに使います。欠かせない道具のひとつで、先が尖っている剣先スコップと、平らな角スコップがあります。

じょうろ

先端に「ハス口《くち》」がついていて水がシャワー状に出ます。ハス口を上向きにしたり、下向きにして、水の出方を調整できるように、ハス口が取り外せるものがよいでしょう。

草刈《くさか》りガマ

　雑草を刈り取るときに使います。土手草や畑の周囲の草刈りに重宝しますし、除草や中耕もできます。また、葉もの野菜などの収穫にも使えます。

ホー

　雑草を刃で削り取ったり、土壌表面の小さな雑草をかき取ったりするときに使います。軽い土寄せや溝切り、中耕などにも使え、柄が長いので立ったまま作業ができます。

レーキ

　畝をつくった後に、表面の土を平らにならすのに使います。また、土壌表面の除草や、除草した草の集草にも使えるので、そろえておくと便利です。

噴霧器《ふんむき》

　農薬散布用の道具です。容量が5〜10リットル用のものがあれば十分です。電池式のものと手動式があり、電池式が手軽で使いやすいのでおすすめです。

ふるい

　網状になった部分に土を入れてふるい分ける道具です。粒子の大きさによって土を分けられるので便利です。種まき後に土を浅くかぶせるときにも使えます。

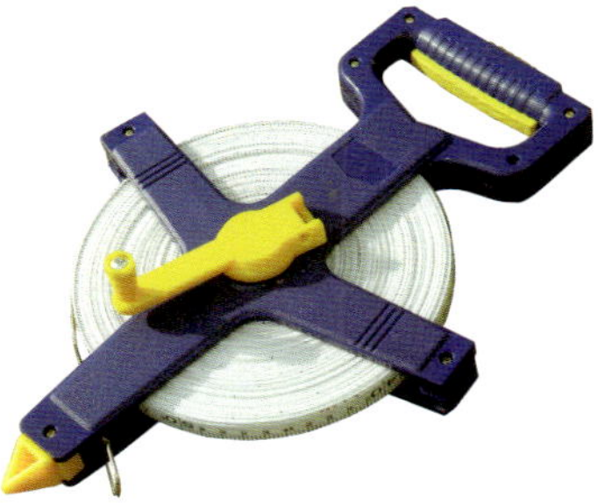

巻《ま》き尺《じゃく》

　畝幅や株間などを計るときに使います。畑の区画分けをするときなどにも便利ですので、野菜づくりには欠かせない道具です。

本書の見方

野菜づくりカタログ

★☆☆☆☆

ラディッシュ アブラナ科

短期間で収穫できる
手軽に作れる野菜

よくある失敗と対策

- 根が太らない ☞ 間引きをして間隔を広くする(4~5cm)
- 根がひび割れる ☞ 収穫を早くする

▶オススメの品種／「コメット」「レッドチャイム」など
▶連作障害／なし
▶コンテナ栽培／できる(深さ15cm以上)

栽培カレンダー	3月	4月	5月	6月	7月	8月	9月	10月	11月	12月	1月	2月
作業手順												
病害虫		アブラムシ・コナガ・アオムシ						アブラムシ・コナガ・アオムシ				

▲種まき ■収穫 ■病気 ■害虫

ラディッシュの特性と品種
好みの品種を何種類か育てる

ラディッシュは別名ハツカダイコン(二十日大根)と呼ばれ、種まきからおよそ30日前後という短期間で収穫できます。そのため、家庭菜園でもつくりやすく、真夏と厳寒期を除けばほぼ一年中栽培することができます。

また、丸い鮮やかな赤色の根部が美しく、収穫の喜びを倍増してくれます。

比較的冷涼な気候を好むので、春(3月中下旬~5月頃)と秋(9~10月頃)が種まきの適期となります。夏場は害虫が発生しやすく、冬は気温が低いため生育期間が2倍以上もかかるので、この時期の栽培には注意が必要です。

品種は根色が赤くて丸いコメット、レッドチャイムをはじめ、白くて長い形の雪小町、白くて丸い形のホワイトチェリッシュ、紅白紡錘形の紅白(上が赤、下が白)、さまざまな色が混合しているカラフルファイブなど、非常にたくさんの品種があります。

白長形(左)と赤長形(右)のラディッシュ

130

手順1 畑づくり・種まき

2列のすじまきにすると管理しやすい

種まき2週間前に苦土石灰100g/m²を散布して耕し、1週間前に堆肥2kg/m²、化成肥料100g/m²を散布して土に混ぜ込みます。幅60cmの畝《うね》をつくり、15cm間隔で2本の溝をつけます。種をまき、指で土をかぶせて手で軽くおさえます。たっぷりの水をやり、以降土が乾いてきたら水を与えます。

❶畝に15cm間隔で2本溝をつけ、種をすじまきします

❷指でつまむように溝の両側から土をかぶせ、手で土を軽くおさえて水をやります

手順2 間引き・追肥・土寄せ

本葉2~3枚で株間4~5cmに間引き

種まき後、3~4日で発芽してきますので、双葉が展開したら混んでいるところを間引きます。

本葉が2~3枚になったら、4~5cm間隔に間引き、化成肥料30g/m²を追肥して株元に土を寄せ、根の肥大を助けます。

❶発芽したら芽が混んでいるところを間引きます。なるべく育ちの悪い苗を間引きましょう

成功するコツ

❷株間4~5cmになるように苗を間引き、追肥して土を寄せます

手順3 収穫(30日後)

土から出たら収穫

本葉が5~6枚になり、根の直茎《ちょっけい》が2~3cmになり土から出て少し見えるようになったら、葉を持って引き抜いて収穫します。

すぐに大きく育つので、なるべく早めに収穫しましょう。

葉を持って引き抜いて収穫します

ラディッシュの病害虫対策

コナガがつきやすいのでBT剤を散布して駆除を徹底します。アブラムシにはオレート液剤が有効です。また、夏場は病気を起こしやすいので、風通しをよくして日よけをするとよいでしょう。

ラディッシュ

131

❶野菜づくりの難易度

易しい ★☆☆☆☆ ▶ 難しい ★★★★★

❷野菜の名前と科名

地方名のほうが有名な場合には、その名称も【 】内に記載。同じつくりかたで他の野菜も栽培できる場合は、その野菜名を( )内に記載。

❸野菜の写真

❹初心者がしやすい失敗と失敗しないための対策

❺つくりやすい品種

連作障害の有無

一度栽培したら何年間休栽させればよいか

コンテナ(プランター)での栽培の可否

( )内はコンテナの深さ

❻栽培カレンダー

関東近辺の露地栽培を基準にした、栽培の開始時期や収穫時期を紹介

❼野菜の特性と品種

各野菜の特徴や栽培する際のポイント

❽野菜づくりの手順と写真

「収穫」の項目の下にある日数は、種まきないし植えつけから収穫するまでの平均的な日数を表す

❾病害虫の対策

各野菜の主な病害虫や防除するための対策など

※本書では家庭菜園初心者を対象にした栽培方法を紹介しています。
※本書は東京付近での露地栽培を基準にした栽培方法を紹介しています。地方によっては栽培時期や方法などが変わってくる場合がありますのでご了承ください。
※本書のデータは2005年4月現在のものです。

Part 2 野菜づくりカタログ

★★★☆☆

トマト（ミニトマト） ナス科

もぎたてのトマトは格別 家庭菜園の人気野菜

よくある 失敗 と 対策

失敗		対策
果実の先端が黒くなる	☞	石灰を散布してカルシウムを補給
果実が割れる	☞	果実に雨が当たらないようにする

- ▶オススメの品種／おどりこ、瑞光102、招福など
- ▶連作障害／あり（3～4年はあける）
- ▶コンテナ栽培／できる（深さ30cm以上）

栽培カレンダー	3月	4月	5月	6月	7月	8月	9月	10月	11月	12月	1月	2月
作業手順（植えつけ）		●	●									
作業手順（収穫）				■	■	■						
病害虫（病気）			■	■	■	斑点細菌病・青枯病・ウイルス病など						
病害虫（害虫）			■	■	■	■	アブラムシ・オンシツコナジラミなど					

● 植えつけ　■ 収穫　■ 病気　■ 害虫

トマトの特性と品種

はじめは病気に強い品種を育てたい

トマトは、日当たりがよく排水性のよい、多少乾燥した畑を好みます。また、比較的冷涼な気候で、昼と夜の温度差の大きい条件でよく生育します。

栽培には栄養生長と生殖生長のバランスがとれた生育が大切です。窒素肥料を多く施しすぎると、実の着かないつるぼけになったりします。さらに、つるぼけ対策でもうひとつ大切なのが、第1花《か》房《ぼう》からしっかり着果させるということです。また、梅雨期には病害が出やすいので、定期的な薬剤散布をすると効果的です。

品種は、サターン、強力米寿、瑞光102、豊福、招福などが病気に強く育てやすいでしょう。完熟しても傷みの少ない桃太郎シリーズ、おどりこなども人気です。

ミニトマトは直径2～4cmの実をつけ、トマトよりも甘みが強いのが特徴です。栽培はトマトとほとんど同じですが、病気にも強く、手がかからず、育てやすいので人気です。

小さくて甘みの強いミニトマト

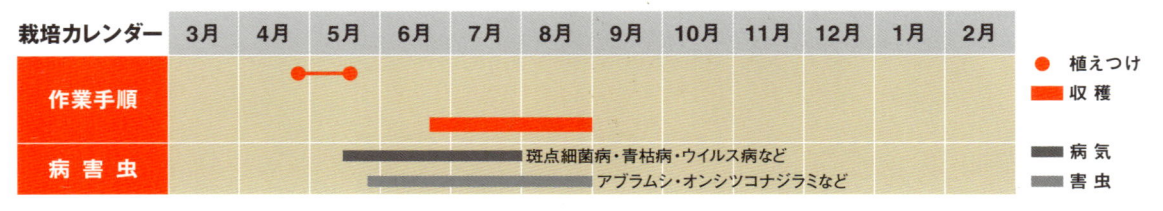

手順 1 苗選び

葉の色ツヤのよい苗を選ぶ

トマトづくりのポイントはいい苗を選ぶことです。節と節の間が短く、葉の色が濃くて厚みがあり、ツヤがよく、双葉のついている苗を選びましょう。

逆に葉が縮れていたり、葉の周囲がめくれているものは避けます。また、根が巻いてしまっているものは、植えつけてもまともに生長しません。ポットから出せる場合にはしっかりとチェックしましょう。

❶節間の詰まっている苗を選びます

❷つぎ木苗を選びます

❸根が巻いていない苗を選びます

手順 2 土づくり・マルチング

成功するコツ

根が深いのでしっかりと耕す

トマトの根は深さ1m、幅2〜3m程度に伸びるので、深く耕すことと、水はけをよくすることを心がけましょう。**カルシウム不足だと尻腐れ病になるので、植えつけ2〜3週間前に石灰150g/m^2を散布してよく耕します。**

1週間前に畑の中央に深さ30cmの溝を掘り、堆肥4kg/m^2、化成肥料100g/m^2、ヨウリン50g/m^2を散布して溝を埋めます。幅120cm、高さ20cmの畝《うね》をつくり、マルチをして地温を上げておきます。

❶石灰を散布して耕し、中央に深さ30cm程度の溝を掘ります

❷溝に堆肥、化成肥料、ヨウリンを施して溝を埋めます

❸マルチを張り、中央に土（石）をのせます

手順 3 植えつけ

❶マルチに穴をあけ、土を掘って植え穴をつくり、水をたっぷり注ぎます

花を通路側に植えつける

市販の苗を使い、晩霜の心配がなくなる頃（4月下旬～5月上旬）に行います。市販苗はポットが小さいので（9cm径）12cm径のポットに移し、一番花が咲きはじめるまでポットで育てます。

マルチに株間約45cmの穴を2列あけ、深さ15cmほどの穴を掘ります。水をたっぷりと入れて水が引いたら苗を深めに植え、根元を手で軽くおさえます。このとき花《か》房《ぼう》を通路側に向けると、管理や収穫が楽になります。

❷苗の根元をおさえ、逆さにしてポットを外します

❸植え穴に苗を入れ、土をかぶせて根元を軽くおさえます

手順 4 支柱立て・誘引

合掌式の支柱を立てる

植えつけ後に、各株のわきに仮支柱を斜めに立て、茎と支柱をひもで結びます。

植えつけ後1～2週間ぐらいで根づいてくるので、本支柱を立てます（植えつけをする前に本支柱を立ててもよいでしょう）。

各株のわきに支柱を斜めに立て、上で交差させるように合掌式（P.35参照）に組み、誘引します。

❶各株の横に斜めに支柱を立てます

❷茎にひもをかけ、2～3回ねじってあそびをつくり仮支柱に結びます

手順 5 わき芽かき

わき芽はすべて摘み取る

苗が生長してくると葉のつけ根から盛んにわき芽が出てきます。トマトはこのわき芽をすべて摘み取り、主枝一本にのみ果実を実らせる1本仕立てで育てます。

わき芽を取ることで、果実が大きくなります。日当たりや風通しもよくなるため、病害虫も発生しにくくなります。

わき芽は生長が早いので、毎週1回のペースで行いましょう。

成功するコツ

主枝以外のわき芽を、手で折って摘み取ります

手順 6 誘引

あそびをつくって誘引する

開花後、花房のすぐ下のわき芽を摘み取った後は、茎と支柱をひもで軽く結んで誘引します。ただし、横に伸びている茎は、自然に上に伸びてくるので無理に起こして結ばないようにしましょう。

また、支柱に強く結ぶと、生長の妨げとなったり、風などで茎が折れてしまう場合があります。必ず茎と支柱との間にあそび（ゆとりを持たせる）をつくっておくことが必要です。

❶支柱に近い茎に軽くかけ、数回ねじってあそびをつくります

❷あそびをつくったまま支柱に結びます

手順7 ホルモン処理

ホルモン剤をスプレーする

第1花《か》房《ほう》は、実がならないつるぼけを防止するために人工的に必ず着果させます。一般的にホルモン処理をする時期は低温期なので、トマトトーン（市販のホルモン剤）を水で100倍に薄めたものをスプレーで散布し、着果を促します。

ホルモン処理を行う目安は、ひとつの花房に2～3個の花が開花したときに、花房全体にスプレーで散布します。ただし、二度がけは奇形の実ができる原因となるので、通常は1回だけにします。

1房に2～3個の花が咲いたら、花房だけを手で覆い、スプレーでトマトトーンを散布します

花つきがよい場合は、4～5花を残して残りを摘み取ってから散布します

手順8 追肥・土寄せ

月に1～2回追肥する

追肥は、一番下の花房に実がなり、ピンポン玉ぐらいの大きさになった頃と、下から3番目の第3花房に実がなり、大きくなった頃の2回を目安に行います。

その後は、株の生育状況を見ながら20日おきぐらいに追肥します。**肥料を与えすぎると実つきが悪くなります。**

施肥の量は化成肥料30g／m^2で、マルチをめくって通路に肥料をぱらぱらとまき、くわなどで軽く土を寄せます。

❶1段目の実がピンポン玉くらいの大きさになったら、追肥します

成功するコツ

❷追肥をする場所のマルチを取り、化成肥料をまき、軽く土を寄せます

手順 9 摘心

支柱よりも高く伸びている茎を手で折り、摘心します

支柱の高さで摘心

一般的には支柱の高さ(5～6段くらいの高さ)まで成長したら、それ以上茎が伸びないように芯止めをします。あまり高く育てると作業が行いにくくなります。

最終花房(トマトの実)の上2枚の葉を残して、その上の茎を手で折って摘み取ります。摘心した後は、茎と支柱をヒモで軽く結んで誘引します。

手順 10 収穫(55～60日後)

❶果梗《かこう》の部分をはさみで切ります

❷ほかのトマトに果梗が刺さってしまうので、残っている果梗をなるべく根元で切ります

赤く熟したものから順次収穫

開花後45～60日ほどで実が着色してきますので、真っ赤に完熟したトマトを収穫します。

赤く熟した順にはさみで切って収穫します。収穫が遅れると皮が破れたり、落ちてしまうので、こまめに収穫しましょう。

また、梅雨時期に実る1段目と、7月頃に実る最上段の実は食味が落ちます。中間に実ったものがおいしいといわれています。

トマトの病害虫対策

トマトは20種類以上もあるほど病気の多い野菜です。特に、湿度の多い梅雨の頃に病気にかかりやすくなります。病気の症状があらわれたら、Zボルドー400倍やダコニール1,000倍を散布して予防に努めましょう。

アブラムシにはDDVPあるいはエルサン1,000倍を散布して駆除を徹底します。

★★☆☆☆

キュウリ ウリ科

60日で収穫できる用途多様なキュウリ

よくある 失敗 と 対策

失敗		対策
地際の茎が枯れる	☞	つぎ木苗を植える
曲がったり尻太になる	☞	速効性の化成肥料を施す

- ▶オススメの品種／つばさ、よしなり、四川など
- ▶連作障害／あり（2〜3年はあける）
- ▶コンテナ栽培／できる（深さ30cm以上）

栽培カレンダー	3月	4月	5月	6月	7月	8月	9月	10月	11月	12月	1月	2月
作業手順	▲	―	▲									
		●	―	●								
				■	■	■						
病害虫				■	■	■	ペト病・ウドンコ病・灰色カビ病など					
				■	■	■	アブラムシ・ウリハムシなど					

▲ 種まき
● 植えつけ
■ 収穫
■ 病気
■ 害虫

キュウリの特性と品種

開花から収穫まで1週間

成功するコツ

キュウリは雌雄で花が異なるつる性の一年草で、冷涼な気候を好みます。ただし、霜には弱く、10〜12℃以下では生育しません。

また、浅根性で乾燥に弱いため、土に有機物を多めに施すとよいでしょう。

キュウリは果菜類の中でも発芽から収穫までおよそ60日間と短く、開花から7日程度で収穫できます。**ウリ科野菜は連作すると「ツル割れ病」という土壌伝染性の病害が発生するので、キュウリを栽培するときには、少々高値になりますが、つぎ木苗を購入するか輪作するとよいでしょう。**

つくりやすい品種は、つばさ、南進、よしなり、さつきみどり、ピノキオなどがあります。ほかには、四川などが家庭菜園に向いています。

さまざまな品種があるので、好みのものを選びたい

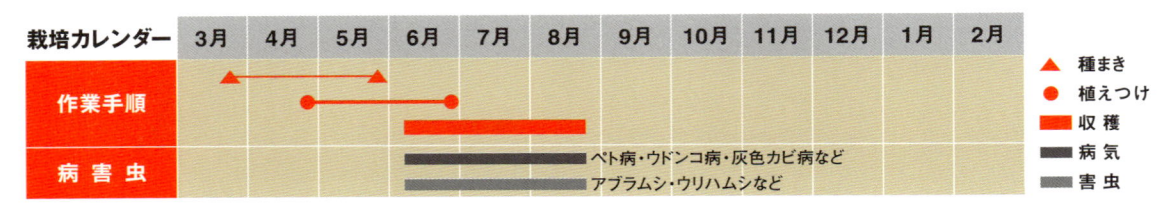

手順1 苗づくり

❶土を入れたポットに、指でくぼみをつけ、種を3粒まいて軽く土をかぶせます

本葉3〜4枚の苗に育てる

苗づくりの時期は3月下旬〜5月、10〜12cm径のポットに3粒の種をまき、水をやります。

発芽したら1本間引いて2本立ちにし、本葉が1枚ついたら生育のよいものを残して1本立ちにします。本葉が3〜4枚になったら植えつけ適期です。

また、じかまきをする場合には、「鞍《くら》つき」といって直径20cmくらいの円形の畦《あぜ》を40〜45cm間隔でつくります。それぞれに3〜4粒ずつ種をまき、同様に間引いて、本葉が4〜5枚のときに1本立ちにします。

❷本葉が開いたら、育ちの悪いほうの苗を1本間引きます

手順2 土づくり

❶肥料を施したら、くわでなるべく深く耕します

深く耕して酸素を十分に供給

キュウリの栽培には深く耕して酸素を十分に供給することと、有機物を多めに施し通気性を改善することが大切です。

植えつけの2〜3週間前に石灰150g/m^2を畑全面に散布してよく耕します。1週間前に堆肥5kg/m^2、油かす100g/m^2、化成肥料100〜150g/m^2、ヨウリン60g/m^2を畑全面に散布して耕します。

2条植えの場合は幅120cm、高さ15〜20cmの畝《うね》をつくります。

❷左右にひもを張り、幅120cm、高さ15〜20cmの畝をつくります

手順3 マルチング

❶畝《うね》幅よりも大きめのマルチを使い、端に土を盛って固定します

地温の低下と水分蒸発を防ぐ

キュウリは、温度が低すぎたり土壌水分が不足すると、生育不良を起こしやすい野菜ですが、マルチングで防ぐことができます。

畑にマルチをしっかりと張り、重しとして中央に土や石などをのせておきます。

❷反対側にも土を盛り、くわでマルチを切ります

❸マルチの中央に土（石でもよい）をのせます

手順4 支柱立て

しっかりと支柱を立てる

つる性のキュウリは茎が折れやすいため、合掌式のしっかりとした支柱を立てます。

植えつけ位置のわきに支柱を斜めに立て、上で交差させるように組みます。支柱が交差する高さをそろえて、交差したところに横に支柱をのせます。各支柱が交差した箇所をひもでしっかりと結び、崩れないようにします。

❶植えつけ場所の外側に支柱を立てます

❷支柱の交差したところに横に1本支柱を通します

❸支柱の交差しているところをひもでしっかりと結びます

❹斜めに支柱を1本通してひもで結びます

手順 5 植えつけ

❶植え穴に水をたっぷり注ぎます

条間60cm、株間40cmに植える

植えつけ時期は霜の心配がなくなる4月下旬～5月上旬が最適です。苗は条間60cm、株間40～45cmの2条植えにし、植えつけ位置のマルチに穴をあけて軽く穴を掘ります。

苗の根元をおさえ、逆さにしてポットを外し、穴に苗をまっすぐ植えつけて根元を軽くおさえます。植えつけが終わったら、株のまわりに水やりします。乾燥する夏期は朝方か夕方に十分水をやります。水分が足りないと生育不良を起こす原因となります。

❷水が引いたら、ポットから外した苗を植えつけます

手順 6 誘引

❶苗の根元から10cmぐらいのところにひもをかけ、2～3回ねじります

植えつけ後に誘引

植えつけ後にひもなどで支柱に誘引します。

支柱にきつく結ぶと生長の妨げとなったり、風などで茎が折れてしまう場合がありますので、必ず茎と支柱の間にあそび（ゆとりを持たせる）をつくっておくことが必要です。

茎にひもをかけたら、ひもを数回ねじってあそびをつくってから支柱に結びます。また、つるの伸びは早いので、茎が垂れ下がる前にこまめに誘引しましょう。

❷ゆとりを持たせ、ひもで支柱にしっかりと結びつけます

手順 7 整枝

支柱の高さで親づるを摘心

親づるの5〜6節までに生える側枝(子づる)はすべて摘み取ります。

その上から出る側枝は、2節で摘心し、親づるの1本仕立てとします。

また、親づるが支柱の高さまで生長したら、それ以上伸びないように摘心します。その際、側枝は放任します。

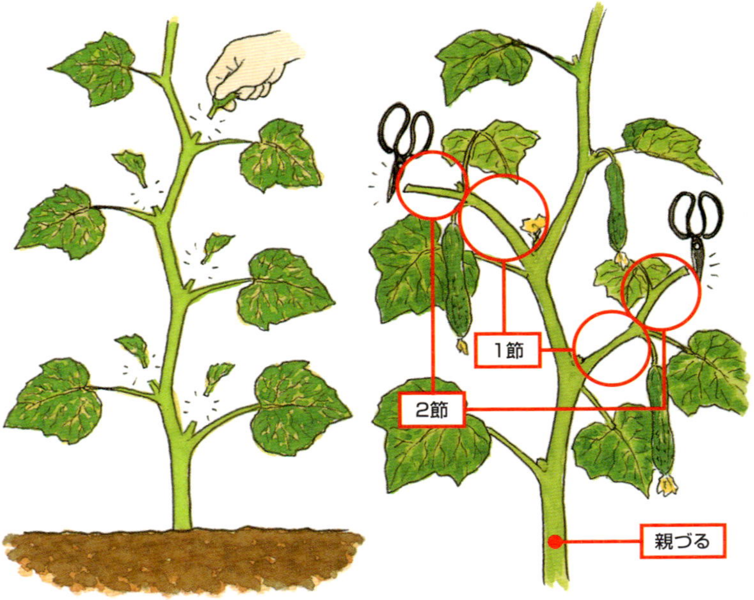

5〜6節までの子づるは摘み取る

側枝は2節で摘心

手順 8 追肥

垂れ下がらないうちに誘引

キュウリは根から酸素をたくさん取り入れるため、堆肥を多めに施すことがポイントです。

また、肥切れを起こさないように、月に2〜3回(10〜15日おき)ぐらい化成肥料を追肥します。**肥切れをすると尻太など変形した実ができるので注意しましょう。**

化成肥料30g/m²を株の周りに施します。2回目、3回目は、畝《うね》の両わきに肥料を施します。

成功するコツ

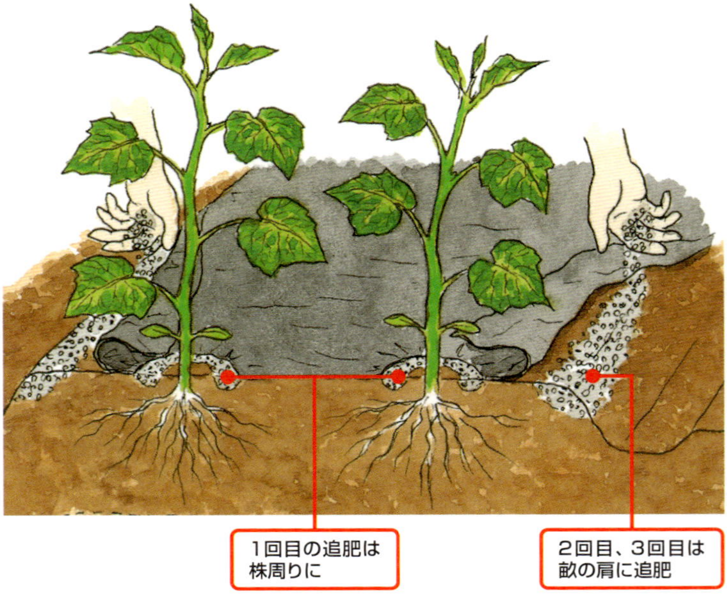

手順 9 敷きわら

株の根元にわらを敷く

梅雨の時期は、株の根元に敷きわらをすることで、雨などによる泥の跳ね返りで葉が汚れるのを防ぎます。

葉に土泥がつくと、枯れたり、病気にかかる原因となることもあるので注意しましょう。

土がかくれるぐらいしっかりとワラを敷きます

手順 10 収穫（60日後）

育てすぎず早めに収穫する

最初の2〜3個の果実は株を疲れさせないために若どりします。それ以後は、18〜20cmくらいになったらどんどん収穫します。うっかり見逃してしまうとヘチマみたいに大きくなってしまうので、注意が必要です。

❶ 18〜20cm程度に育ったら、果《か》梗《こう》の部分をはさみで切って収穫します

❷ 収穫が遅れると大きくなりすぎて、食味も悪くなります

キュウリの病虫害対策

キュウリは野菜の中でも特に病害虫の発生しやすい野菜です。葉に黄色い病斑の出るベト病と、葉に白い病斑の出るウドンコ病になることが多いのですが、ベト病はダコニール600倍、ウドンコ病はモレスタン4,000倍を散布することで駆除できます。

また、アブラムシは、DDVP乳剤1，000倍を散布し、根を食い荒らすウリハムシの幼虫にはマラソンを散布します。

★★★☆☆

ナス

ナス科

収穫期間も長く育てやすい人気野菜

よくある失敗と対策

失敗	対策
硬い実ができる(石ナス)	ホルモン剤を散布する
果実にツヤがなく種が入る	開花後20〜25日の果実を収穫

- ▶オススメの品種／黒帝、千両2号、大黒田など
- ▶連作障害／あり(4〜5年はあける)
- ▶コンテナ栽培／できる(深さ30cm以上)

栽培カレンダー	3月	4月	5月	6月	7月	8月	9月	10月	11月	12月	1月	2月
作業手順			●—●	━━	━━	━━	━━	━━				
病害虫			━━	━━	━━	━━	ウドンコ病・半身萎凋病					
			━	━━	━━	━━	アブラムシ・ヨトウムシなど					

● 植えつけ
━ 収穫
━ 病気
━ 害虫

ナスの特性と品種

寒さに弱いので早植えは禁物

ナスは高温性で、生育適温は30℃前後と高く、日当たりのよい場所を好みます。弱い日照下では生育が悪くなりますが、乾燥には弱いため、土壌水分が多く、深く耕した土壌が適しています。

また、連作障害が表れやすい野菜なので、5年ぐらいあけて作づけしましょう。

品種の数は多く、形や用途もさまざまです。

ナスの形と主な品種

中長ナス	千両、千両2号、千黒2号、黒帝、黒福、大黒田
長ナス	黒陽、長岡長、庄屋大長、筑陽、飛天長
丸ナス	早生大丸、紫水、うす皮味丸、太助大丸
米ナス	くろわし
地方品種	賀茂ナス(京都・丸ナス)／民田ナス(山形・小ナス)／水ナス(大阪・中長ナス)／仙台長ナス(宮城・長ナス)／博多長ナス(福岡・長ナス)／巾着ナス(新潟・丸ナス)

手順1 土づくり

❶畑の中央に、くわで深さ30～40cm程度の溝を掘ります

元肥《もとごえ》は深く、肥料は多めにする

堆肥などの有機物を多めに投入して、ふかふかの土をつくります。具体的には、植えつけ2～3週間前に石灰150～200g/m^2を全面に散布して深めに（30～40cm）耕します。1週間前に深さ20cmの溝を掘り、堆肥4kg/m^2、ナタネかす100g/m^2、化成肥料150g/m^2、ヨウリン60g/m^2を散布し、土を戻します。幅60cm、高さ20cmの畝《うね》（2条植えは畝幅120cm）をつくり、マルチングをします。

❷溝に堆肥、ナタネかす、化成肥料、ヨウリンを散布して溝を埋めます

❸幅60cm、高さ20cmの畝をつくり、マルチングして、中心に土をのせて重しをします

手順2 苗選び

❶節間が詰まり、葉色のよいものを選びます

つぎ木苗なら安心

ナスは種から苗に生長するまで、長い期間がかかり、管理も難しいので、家庭菜園では園芸店などで苗を購入するのが一般的です。

苗は節間が詰まって茎の太いがっしりした葉色の濃いものを選びます。肥切れした老化苗は活着が悪いので避けましょう。

また、やや高価になりますが耐病性のある台木（アカナスなど）につぎ木した苗は連作障害にも強く、生育もよいのでおすすめです。

❷なるべくつぎ木苗を使用しましょう

手順 3 植えつけ・誘引

成功するコツ

根を崩さずに浅めに植えつけ

　晩霜の心配がなくなる5月の連休頃に行います。株間は60cm（2条植えの場合は株間60cm×2列。米ナスの場合は株間90～100cm）とします。マルチに穴をあけて植え穴を掘り、たっぷりと水を注ぎます。水が引いたらポットから外した苗を浅めに植えつけ、根元を軽くおさえます。

　植えつけたら苗のわきに長さ70cmの仮支柱を斜めに立て、ひもで軽く結んで誘引（P.45参照）します。以降土が乾いたら水やりします。

❶株間60cmで植えつけます

❷苗を植えつけ、仮支柱を斜めに立てます

❸株元から10cmぐらいのところをひもで支柱に結びます

手順 4 仕立て方

3本仕立てにする

　植えつけ後、一番花のすぐ下のわき芽2つを残し、それより下のわき芽を摘んで整枝します。一般的に主枝とその下の勢力の強い2本のわき芽を利用する3本仕立てにします。

　わき芽が生長してきたら、交差するように本支柱をもう1本立ててひもで誘引します。

❶主枝の下2本のわき芽を残して、残りのわき芽を切ります

❷主枝とわき芽2本の3本仕立てにします

手順 5 追肥

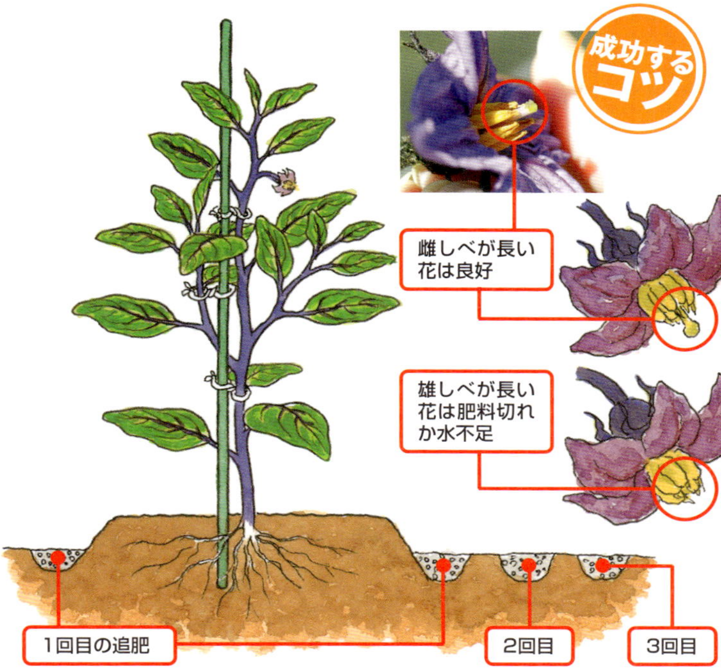

成功するコツ
雌しべが長い花は良好
雄しべが長い花は肥料切れか水不足
1回目の追肥
2回目
3回目

実がついてきたら追肥

実がつき出したら、2週間に1回化成肥料30g/m^{2}を追肥します。その際マルチのすそをめくり、通路にまいて軽く土寄せをします。2回目は1回目より外側に、3回目はさらに外側に追肥します。

また、花の形から株の生育状態が判断できます。雄しべより雌しべのほうが長いと生育良好、ついで両方が同じ長さ、**雄しべのほうが長い場合や花が落ちるのは肥料や水分が少ない状態です。**

手順 6 収穫・更新剪定《せんてい》（30日後）

収穫したら剪定する

開花後20～25日の未熟果を収穫します。熟すと種が硬くなり肉質も低下するので、中長品種では10cmくらいから収穫します。

7月下旬頃になると、枝が混んで日当たりが悪くなり、果実の品質が落ちてきます。この頃から8月上旬の間に全体の1/3～1/2の枝を切り、秋ナスを目指します。

❶枝が混んできたら、はさみで1/3～1/2の長さに切ります

❷すべての枝を切り、日当たりをよくします

ナスの病害虫対策

ナスはアブラムシ（右の写真）、ヨトウムシなどの害虫被害に気をつけましょう。具体的にはマラソンやDDVP1,000倍を株に散布して駆除するとよいでしょう。

また、アブラムシには毎夕、葉に水をたっぷりとかけてやると防除に効果があります。

★★☆☆☆

ピーマン（パプリカ）ナス科

暑さに強く 初心者でも栽培しやすい

よくある失敗と対策

失敗	対策
育ちが悪い	マルチをして地温を上げる
花が落ちる	追肥して果実を若どりする

▶ オススメの品種／京みどり、翠玉2号など
▶ 連作障害／あり（3〜4年はあける）
▶ コンテナ栽培／できる（深さ30cm以上）

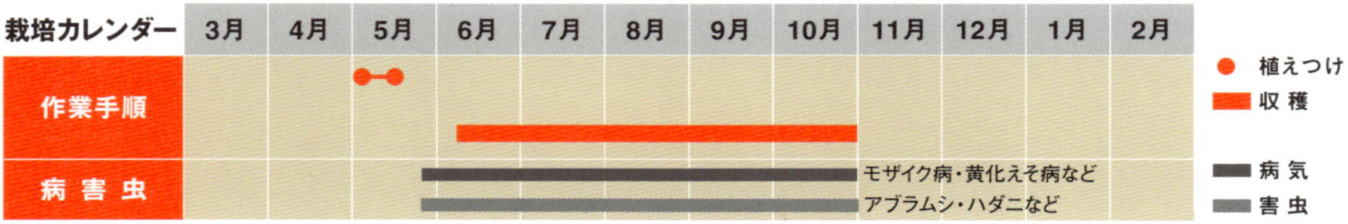

ピーマンの特性と品種

ナス科の連作に注意して栽培

トウガラシの仲間の中でも、辛みのないものがピーマンと呼ばれます。ビタミンA、Cを多く含む栄養価の高い野菜で、最近では緑色の未熟果だけでなく、完熟させた赤、黄、オレンジ、紫などのカラフルなものも多く登場しています。

果菜類の中でも暑さに強く、病害虫も少ないので家庭菜園でも栽培しやすいといえます。ただし、ナス科の連作障害があるので気をつけます。

品種は非常に豊富で、どの品種でも比較的育てやすいので、好みのものを選んで栽培しましょう。

ピーマンの主な品種

小果種	ししとう、伏見甘長
中果種	京みどり、エース、ニューエース、京波、翠玉二号、あきの
大果種	ワンダーベル［赤色］、ゴールデンベル［黄色］、ソニアレッド［赤色］、ソニアゴールド［黄色］
その他の品種	バナナピーマン［熟度が進むにしたがって果色が黄緑色→クリーム色→黄色→オレンジ色→赤へと変色する］／セニョリータ［甘みの強い完熟ピーマン］

手順1 畑づくり

❶畑全体に石灰を散布してよく耕します

元肥をたっぷりと施す

ピーマンは通気性のよい土を好みますので、堆肥などの有機物を多く施した畑づくりをします。

植えつけ2～3週間前に石灰100g/m^2を全面に散布し、土をよく耕します。

植えつけ1～2週間前に堆肥3kg/m^2、ナタネかす100～200g/m^2、化成肥料150～200g/m^2、ヨウリン60g/m^2を畑全面に散布して深く耕します。

また、肥料は半量を全面に施し、残りを溝に施す方法でもよいでしょう。

❷堆肥、ナタネかす、化成肥料、ヨウリンを散布してよく耕します

❸畑の半分にくわで溝を掘り、そこに肥料の半量を施してもよいでしょう

手順2 畝《うね》づくり

❶畝幅に合わせてひもを張り、ひもの外側の土を、くわでひもの内側に入れます

広めの畝で2条植えにする

植えつけ前に、畝幅120cm、高さ20cmの平畝をつくります。畝の長さは植える株の数量に合わせて決めましょう。1条植えの場合は、畝幅60cmにします。

成功するコツ

また、あらかじめポリマルチをして地温を上げると、活着しやすく生育も良好です。

❷20cm程度の高さになったら、畑の表面をレーキなどできれいにならします

❸マルチをはり、中央の2か所ぐらいに土をのせて重しをします

手順3 植えつけ・誘引

❶畝に株間45～50cm、条間60cmで苗を植えつけます

苗は浅く植えつける

低温に弱いため、5月上旬から中旬頃に植えつけます。市販の苗（本葉7～9枚ほどで節間の詰まった大きめの苗）を購入し、株間45～50cmの2条植えとします。

マルチに穴をあけて植え穴を掘り、たっぷりと水を注ぎ、水が引いたらポットから外した苗を植えつけます。

植えつけ後、仮支柱を立ててひもで軽く結んで誘引します。

❷苗を植えつけ、株のわきに仮支柱を垂直に立てます

❸株元から10cmぐらいのところをひもで仮支柱に結びます

手順4 仕立て・整枝・誘引

一番果がついたら3本仕立てに

植えつけから2～3週間後、一番果が着果し発育してくると分枝が伸びてくるので、ナスと同様3本仕立てにして、それ以外の分枝はすべて摘み取ります。

その際に株わきに本支柱を立て、しっかりと誘引して倒伏や枝が折れるのを防ぎます。

また生育とともに、枝が混んできたら重なった枝などをこまめに剪定《せんてい》しましょう。

❶不要な枝をはさみで切り取ります

❷小さなわき芽などは手で摘み取ります

❸本枝の下部にある余分な枝を剪定して日当たりをよくします

手順5 追肥・土寄せ

一番果を収穫したら追肥

一番果を収穫したら、第1回目の追肥をします。1回あたり化成肥料30g/m²（あるいはナタネかす60g/m²）を畝《うね》の肩に施し、土寄せします（マルチングをしている場合はマルチをめくって行います）。

2回目以降の追肥・土寄せは、2週間に1回の割合で施します。

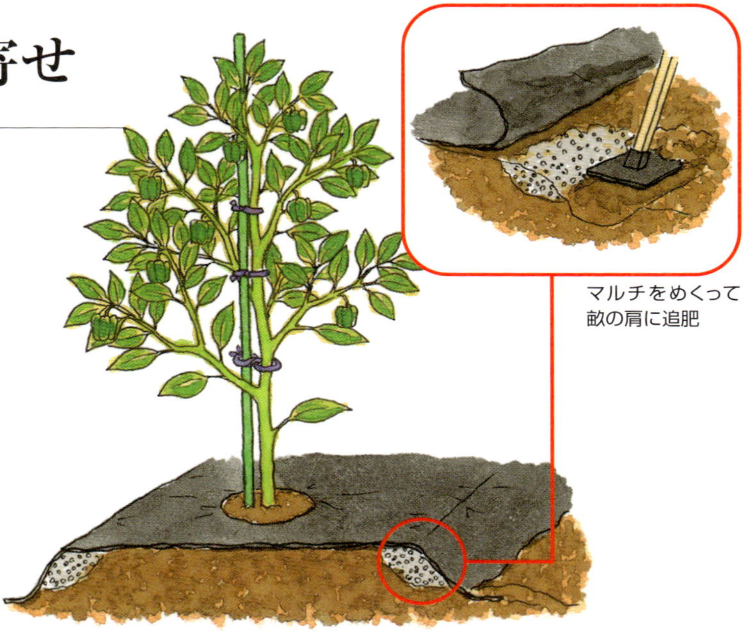
マルチをめくって畝の肩に追肥

手順6 収穫（30日後）

早めの収穫を心がける

開花してから収穫までの日数はおよそ15～20日です。実が多い場合は早めの収穫を心がけましょう。**実らせたままにしておくと、大きくなりますが、株が弱ってしまいます。**また、収穫が遅れると、果皮が硬くなり色も悪くなります。

完熟果や大果種の場合は、開花からおよそ60日前後で収穫できます。

成功するコツ
適度な大きさに生長した果実を、はさみで切って収穫します。ピーマンは、枝が折れやすいので必ずはさみで収穫します

ピーマンの病害虫対策

主な病害はモザイク病や黄化えそ病です。いずれもアブラムシやアザミウマなどが媒介するので、これらの防除が大切です。

また、ナス科の連作による立ち枯れ性疫病などもあるため、連作を避け、つぎ木苗を使うことも大切です。

害虫のアブラムシは、病気を媒介するため、マラソン1,000倍、ハダニにはアカール1,000倍を散布してしっかりと駆除しましょう。

★★★☆☆

オクラ

アオイ科

真夏にとれる 夏バテ防止野菜

よくある失敗と対策

失敗	対策
発芽しない	種を一昼夜水に浸す
実が硬く種が大きい	7cmぐらいの長さで収穫する

▶オススメの品種／アーリーファイブ、ガリバーなど
▶連作障害／あり(2年はあける)
▶コンテナ栽培／できる(深さ30cm以上)

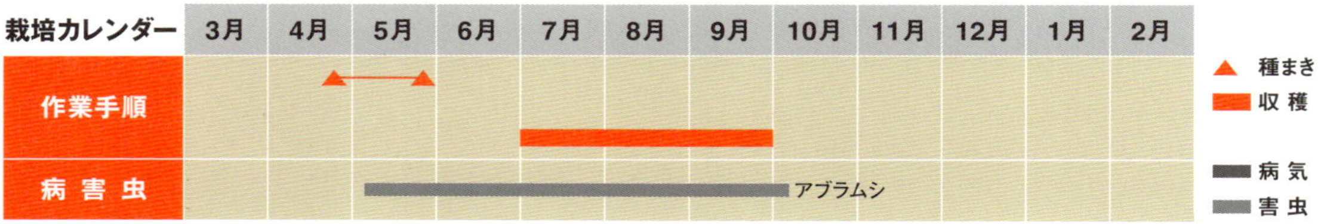

オクラの特性と品種

どんな品種でも育てやすい

成功するコツ

オクラは原産地がアフリカということもあり、暑さに非常に強く、野菜の育ちが悪くなる真夏でも元気に育ちます。

一方**寒さには非常に弱く、10℃以下の低温では生育が停止してしまいます。**しかし、土壌の乾燥に強いだけでなく、多湿にも耐える強い野菜です。

草丈は品種によって異なりますが、通常のものであれば1～2mほどになります。また、オクラは吸肥力が強いため、元肥《もとごえ》が多すぎると草勢が強くなって実りが悪くなるので、有機物を多めに投入した土づくりがポイントになります。

品種は緑色で断面が五角形のものが一般的ですが、ほかにもさやが紫紅色をした赤オクラなどがあります。

オクラの主な品種

五角オクラ	ベターファイブ、アーリーファイブ、グリーンロケット、ピークファイブ、グリーンエチュード、ガリバーなど
赤オクラ	ベニー(さやが紫紅色の五角オクラ。生食用として彩りがよく、熱を加えると深緑色に変わります)

手順 1 種まき

4月末～5月上旬に種まき

発芽適温が25～30℃と高温のため、4月末～5月上旬頃に種をポットまきします。1つのポットに4～5粒くらいずつまきます。オクラの種は種皮が硬いため、一昼夜水に浸した種を使います。

双葉が展開したら3本に間引き、本葉が2～3枚になったら1本立ちにします。

❶ポットに培養土を入れ、指で5か所にくぼみをつけます

❷1か所に1粒ずつ種をまきます

手順 2 土づくり

元肥の量に注意する

植えつけ2週間前に石灰100g/m^2程度を全面に散布してよく耕します。1週間前に堆肥2kg/m^2、化成肥料100g/m^2を施して深く耕します。元肥の窒素量が多いと実つきが悪くなるので注意が必要です。

幅70～80cm、高さ10cmの畝《うね》をつくります。地温上昇と雑草防止のため、黒マルチをすると生育がよくなります。

❶幅70～80cmの畝をつくります

❷黒マルチをかけます

手順 3 植えつけ

植え穴にたっぷり水を注ぎ、水が引いたら植えつけ
50〜60cm

株間30cmで植えつけ

植え傷みを少なくするために、本葉3〜4枚になった頃の若苗を植えつけるようにします。

株間50〜60cm程度でマルチに穴をあけて植え穴を掘り、たっぷりと水を注ぎます。水が引いたらポットから外した苗を植えつけます。

手順 4 追肥

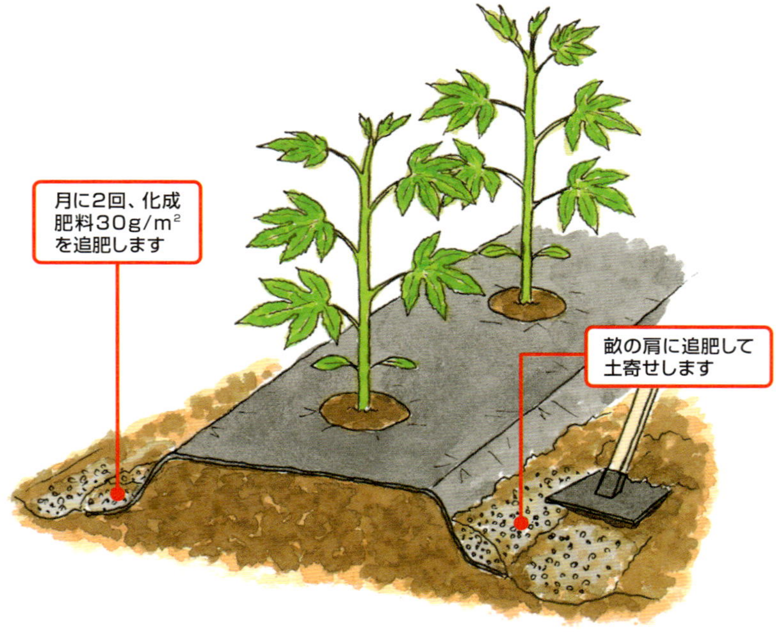
月に2回、化成肥料30g/m^2を追肥します
畝の肩に追肥して土寄せします

収穫期に入ってから追肥

1回目の追肥は収穫開始時期に行います。一回の施肥量は化成肥料30g/m^2程度で、畝《うね》の肩のあたりに施し（マルチをめくって追肥すると効果的）、土寄せをします。

以降、月2回ぐらいのペースを目安に追肥を行います。

手順5 摘葉

摘葉して風通しよく

収穫がはじまったら、収穫した節の下1～2葉を残して、それ以下の葉を取り除きます。この作業で着果がよくなり、風通しもよくなるので病害の発生も少なくなります。

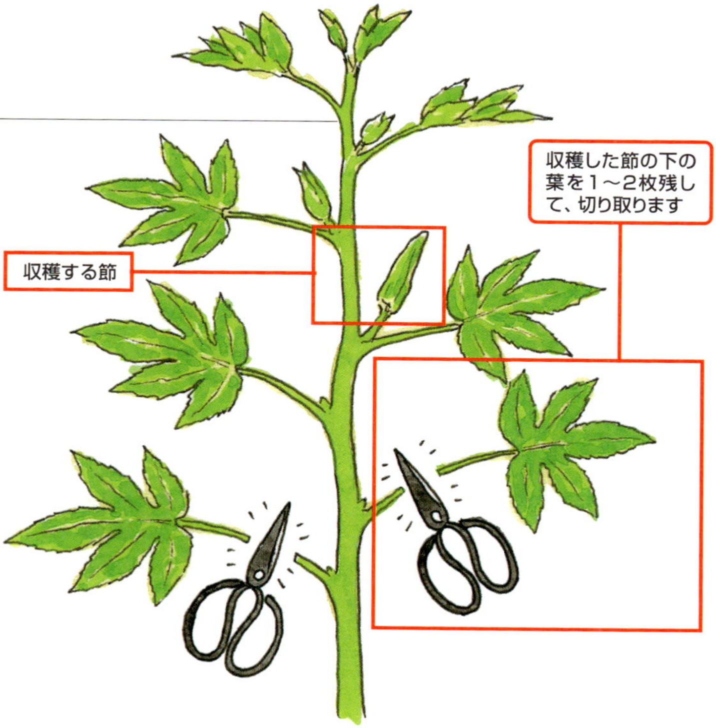

収穫した節の下の葉を1～2枚残して、切り取ります
収穫する節

手順6 収穫（80日後）

早めの収穫を心がける

サヤの長さが7～10cmぐらいになったものから順次収穫していきます。収穫時期を逃すと、大きくなって食べられないばかりか、アブラムシの巣になってしまいます。開花後7日程度を目安に、若いさやを収穫することを心がけましょう。

人さし指ぐらいの長さになったものを収穫するとよいでしょう

オクラの病害虫対策

オクラの病害では、根コブ線虫の被害が大きいので、葉根菜類との輪作に努めます。被害が激しい場合は、薬剤などによる土壌消毒を行って防除します。

アブラムシやカメムシ、ハスモンヨトウムシなどの発生が見られたらDDVP乳剤などで早めに防除しましょう。

★★☆☆☆

シシトウ(トウガラシ) ナス科

ピーマンと一緒に栽培できる彩り野菜

よくある失敗と対策

- 葉が落ちて実つきが悪い ☞ 日当たりをよくする
- 実が辛い ☞ 肥料と水をたっぷり施す

▶ オススメの品種／翠光、甘とう美人など
▶ 連作障害／あり（3～4年はあける）
▶ コンテナ栽培／できる（深さ30cm以上）

栽培カレンダー	3月	4月	5月	6月	7月	8月	9月	10月	11月	12月	1月	2月
作業手順			● 植えつけ	収穫	収穫	収穫	収穫	収穫				
病害虫			害虫 (from mid-May)	害虫	害虫	害虫	害虫	害虫 アブラムシ・ハダニ				

● 植えつけ
収穫
病気
害虫

シシトウの特徴と品種

水はけのよい土壌で栽培する

トウガラシの辛み成分のカプサイシンは、消化を助ける、食欲増進、血行をよくするなどさまざまなはたらきが注目されています。

そんなトウガラシの一種でありながら、辛みの少ない種類がシシトウです。ピーマンの仲間ですが、小型で甘みがあり、完熟すると真っ赤になります。

栽培の仕方はシシトウ、トウガラシどちらもほとんど同じで、日当たりがよく、水はけのよい肥沃な土壌での栽培が適していてます。病虫害も少ないので、比較的栽培しやすい野菜といえます。

シシトウの主な品種は、翠光、甘とう美人などです。また、伏見トウガラシや万願寺トウガラシなどの地方品種もあります。トウガラシでは辛みの強いタカノツメ、ヤツブサなどが代表的です。

完熟したシシトウ

京都の伏見トウガラシ

手順1 畑づくり

❶元肥を施してよく耕し、畝をつくります

元肥をたっぷりと施す

栽培が長期にわたりますので有機物を多く施すように注意します。植えつけ2週間前に石灰150g/m^2を畑全面に散布してよく耕します。

1週間前に堆肥3kg/m^2、ナタネかす100g/m^2、化成肥料150g/m^2、ヨウリン60g/m^2を全面散布もしくは溝を掘って施肥します。

マルチをかけると生育が早く収量も多くなります。

❷マルチがけをして中央に土をのせておきます

手順2 植えつけ

❶植え穴を掘り水をたっぷり注ぎます

5月に植えつける

植えつけは晩霜の心配がなくなった5月上旬〜下旬頃に行います。

幅60cmの畝に1条植え（2条植えの場合は畝《うね》幅120cmの2条植え）とします。株間は45〜50cmで苗を浅めに植えつけます。

❷水が引くまで待ちます

❸植え穴に苗を植えつけ、土をかぶせて株元を軽くおさえます

手順 3 仮支柱立て

仮支柱で苗を固定する

植えつけ後、苗が風で倒れないように仮支柱を立てます。

支柱と茎をひもで軽く結んで誘引します。

苗が大きくなってきたら、仮支柱を外して本支柱を立てましょう。

❶ 苗のわきに仮支柱を垂直に立て、茎にひもをかけます

❷ ひもを2～3回ねじってあそびをつくり、仮支柱に結びます

手順 4 整枝

3本仕立てで育てる

植えつけから2～3週間後、一番果が着果し発育してくると分枝が伸びてくるので、ピーマンと同様に3本仕立てとします。

生育の旺盛な3本の枝を残して、それより下の枝はすべて整枝して摘み取ります。

また、生育とともに枝が混んできたら、重なった枝などをこまめに整枝しましょう。

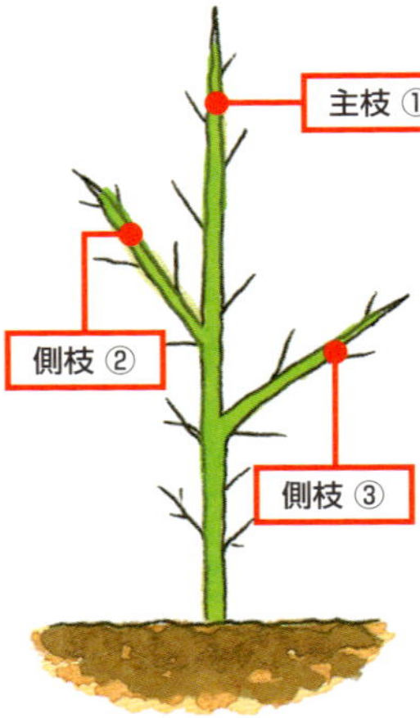
主枝 ①
側枝 ②
側枝 ③

主枝と側枝2本の3本仕立てにします

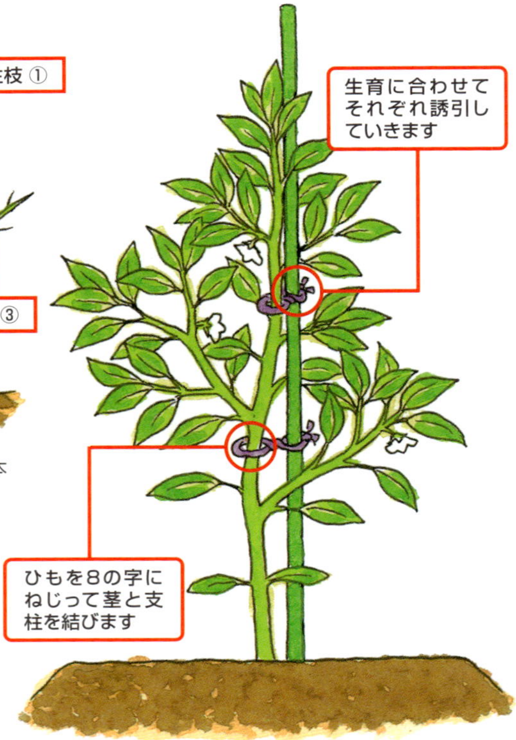
生育に合わせてそれぞれ誘引していきます
ひもを8の字にねじって茎と支柱を結びます

手順 5 追肥

月に1～2回の追肥

1か月に1～2回、生育の様子を見ながら、化成肥料30g/m²を畝《うね》の肩のあたりに散布して（マルチをめくって追肥すると効果的）、軽く土寄せします。

収穫した実が辛い場合は、肥切れのおそれがあります。草勢を回復してあげるために追肥してやりましょう。

成功するコツ

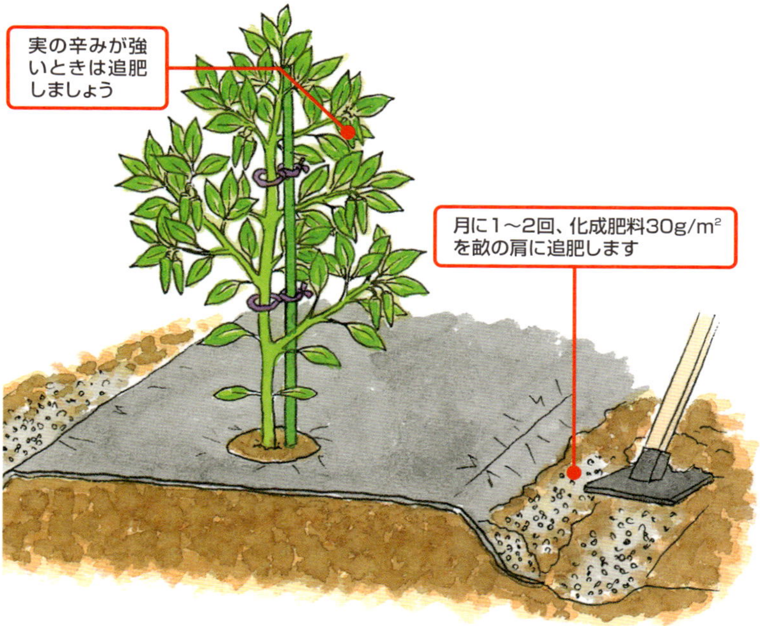
実の辛みが強いときは追肥しましょう
月に1～2回、化成肥料30g/m²を畝の肩に追肥します

手順 6 収穫（30日後）

5～6cm大のものを収穫

シシトウは**長さが5～6cmになったらへたを切って順に収穫しましょう。**

トウガラシは、開花後60日程度で真っ赤に熟してきます。株ごと抜いて収穫し軒下などで乾燥させるか、赤く熟した果実をポキポキ摘み取って収穫します。また、葉トウガラシの場合は、2～3番果が4～5cmに出そろったところで株ごと引き抜き、葉を摘み取って佃煮などに利用します。

成功するコツ

へたの部分を切って収穫します

シシトウの病害虫対策

家庭菜園なら無農薬でも栽培可能ですが、害虫のアブラムシが目立つようならDDVP1,000倍を散布します。

病害は葉や茎に白い粉状のカビがつくウドンコ病に注意します。病気が出たらトップジンM水和剤1,500倍を散布しましょう。

★★★☆☆

イネ科

トウモロコシ

とれたての新鮮な甘みを味わいたい

よくある失敗と対策

失敗	対策
実入りが悪い	2列に植えつける
小さな実しかできない	適期に適量を追肥

- ▶オススメの品種／ハニーバンダム、ティガなど
- ▶連作障害／あり（1年はあける）
- ▶コンテナ栽培／できない

栽培カレンダー	3月	4月	5月	6月	7月	8月	9月	10月	11月	12月	1月	2月
作業手順		▲	▲		■							
病害虫			━	━	━	アブラムシ・アワノメイガなど						

▲ 種まき　■ 収穫　■ 病気　■ 害虫

トウモロコシの特性と品種

複数の品種を混ぜて栽培しない

トウモロコシは茎の先端に雄穂《ゆうすい》（雄花）、茎の中位に雌穂《しすい》（雌花）が着生する代表的な雌雄異花植物です。日当たりのよい場所を好み、生育適温は25～30℃と高温なため、直まきでは4月下旬～5月下旬、ポットまきでは4月上旬～中旬の早まきがよいでしょう。

また、異なる品種を植えると、花粉が交雑して品種の特性が出なくなるおそれがあります。

トウモロコシにはイネ科特有の強い吸肥力があります。過剰に蓄積した土壌養分を吸収して跡地の養分環境を改善することから、クリーニングクロップとして輪作に組み込まれることが多い野菜です。

おすすめの品種は、黄色の中に白色が混じったバイカラー品種のピーターコーン、ティガ、黄色のハニーバンダム、3色のウッディーコーンなどです。また、親指大の太さの実を若取りしたものは、ヤングコーンとして利用されています。

若どりしたヤングコーンは、家庭菜園ならではのぜいたく

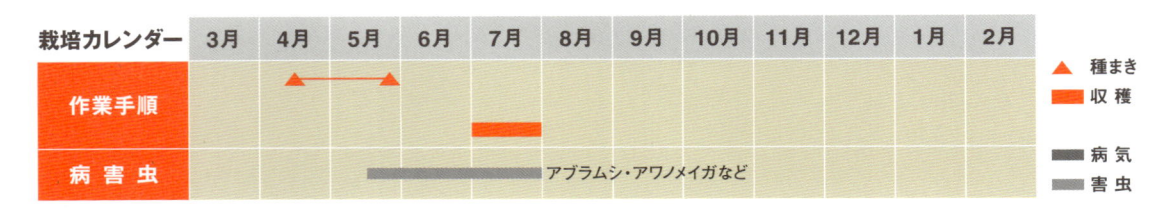

手順 1 畑づくり

❶種まき2週間前に石灰を散布して耕します。

❷1週間前に堆肥と化成肥料を散布して土と混ぜます

元肥《もとごえ》をたっぷりと

種まきの2週間前に石灰100g/m^{2}を散布してよく耕します。1週間前になったら、堆肥2kg/m^2、化成肥料100g/m^{2}を畑全面に散布し、土とよく混ぜます。

1条まきの場合は幅60cmに、2条まきの場合ならば75cmの幅で、高さ10cmの畝《うね》をつくります。トウモロコシは、**先端に咲く雄花から花粉が落ち、実の先端の毛（雌しべ）に付着して受粉するため、2条で育てたほうが受粉しやすく実入りがよくなります。**

成功するコツ

手順 2 種まき

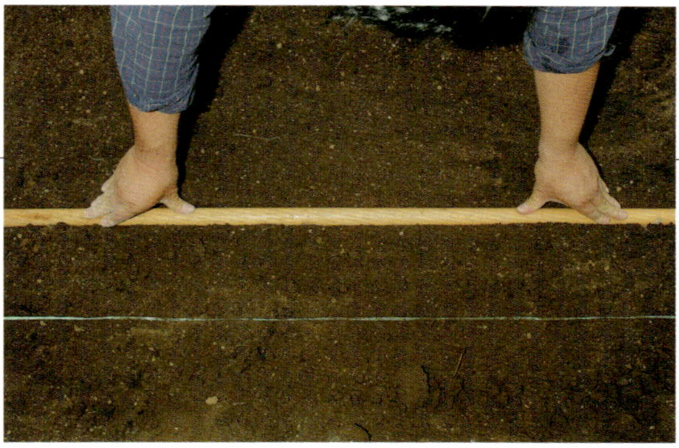

❶苗がきれいに並ぶように、畝に棒で溝をつけます

1か所に3粒のじかまき

じかまきの場合、4月下旬～5月下旬に種をまきます。

畝に株間30cmでくぼみを2列つくり、1か所に3粒ずつ種をじかまきします。次に、土を軽くかぶせて手でおさえ、たっぷりと水をやります。以降、土が乾いたらたっぷりと水をやります。

❷株間30cmでくぼみをつけて、3粒まきにします

❸軽く土をかぶせて手でおさえます

手順 3 間引き（1回目）

草丈10cmで2本に間引く

　発芽して草丈が10cmになったら最初の間引きを行います。

　育ちのよい株を残して2本に間引きます。間引き後は、株の根元に手で軽く土を寄せて、苗を安定させます。

❶草丈10cmの頃に、育ちの悪い苗を1本間引きます

❷間引き後に、株元に手で土を寄せます

手順 4 間引き（2回目）

草丈20cmで1本に間引く

　1回目の間引きから約10日後、草丈が20cm程度になったら2回目の間引きを行います。

　育ちのよい株を残して、1本に間引きます。

❶草丈が20cmになったら、1本間引きます。

❷種をまいた箇所につき1本にします

成功するコツ

手順 5 追肥・土寄せ

間引き後に追肥、土寄せ

2回目の間引き後に追肥を行います。株元に化成肥料30g/m^2を施して土寄せをします。

草丈が50cmぐらいになった頃（株元からわき芽が発生する頃）**に、同量の化成肥料を株元に追肥し、**株が倒れない程度の土寄せを行います。

❶2回目の間引き後に化成肥料を追肥します

❷株元に軽く土を寄せます

❸2回目の土寄せは、しっかりと土を寄せます

手順 6 収穫（80～85日後）

絹糸が色づいたら収穫

開花後約20～25日が収穫の適期です。実の先端の絹糸が褐色になったときが目安です。実のつけ根を切り取って収穫します。収穫したその日のうちに食べるとことをおすすめします。

先端の絹糸が褐色になったものから収穫します

トウモロコシの病害虫対策

トウモロコシは、カメムシやアブラムシ、アワノメイガなどの害虫被害が多く発生しますので、実の先端に絹糸ができはじめた頃にパダン水和剤1,000倍を散布します。また、実が小さいうちは、ネットなどをかけて鳥に食べられるのを防ぐとよいでしょう。

★★★☆☆

ズッキーニ

ウリ科

花と実どちらも楽しめる手間いらずの西洋野菜

よくある失敗と対策

失敗		対策
実つきが悪い	☞	人工授粉する
実が硬い	☞	適期に栽培する

- ▶オススメの品種／ダイナー、グリーントスカなど
- ▶連作障害／なし
- ▶コンテナ栽培／できる（深さ30cm以上）

栽培カレンダー	3月	4月	5月	6月	7月	8月	9月	10月	11月	12月	1月	2月
作業手順		▲（中旬〜）	〜▲（中旬） ●（中旬〜）	〜●（中旬）	■							
病害虫			（中旬〜）アブラムシ	アブラムシ	アブラムシ							

▲ 種まき　● 植えつけ　■ 収穫　■ 病気　■ 害虫

ズッキーニの特性と品種

日当たりのよい場所なら比較的栽培しやすい

ズッキーニはペポカボチャの一種で、北アメリカの西部からメキシコが原産だといわれています。その後イタリアで広く栽培され世界的に広まってきました。外見はキュウリ、食感はナスに似ています。近年では市場にも多く出回り、油炒め、天ぷら、煮物、スープなど、家庭でも利用されるようになりました。

別名つるなしカボチャと呼ばれ、つるが伸びず葉腋《ようえき》に連続して雌花がつきます。

土壌はあまり選びませんが、日当たりのよい場所が適しています。

栽培期間は、4月中旬〜5月中旬頃までに種をポットまきして育苗し、5月上旬以降に植えつけ、7月頃に収穫します。

また、ズッキーニは株がかなり広がるため、1株で1m四方のスペースが必要になります。家庭菜園でつくる際には、1株〜2株ぐらいでよいでしょう。

主な品種としては、果皮が濃緑色のダイナー、グリーントスカ、ブラックトスカで、ほかには果皮の黄色いオーラムなどが一般的です。どの品種でも比較的育てやすいので、特にこだわる必要はなく、つくりたい品種を選べばよいでしょう。

手順1 種まき・畑づくり

育苗日数は約20〜30日

4月中下旬〜5月中旬頃に、12cm径のポットに2粒ずつ種をまきます。発芽して子葉が出た頃に、生育のよいものを残して間引きます。

植えつけ2週間前（苗の本葉2〜3枚になったら）に石灰100g/m^2を全面散布してよく耕し、1週間前に堆肥2kg/m^2、化成肥料100g/m^2を散布します。

❶ポットに培養土を入れ、指で2か所くぼみをつけます

❷くぼみに種を一粒ずつ入れ、土をかぶせて軽くおさえ、水をやります

手順2 植えつけ・追肥

5月の連休以降に植えつける

晩霜の心配のない5月上旬以降、苗の本葉が4〜5枚になったら、幅120cmの畝《うね》をつくってマルチをし、株間80〜100cmで浅植えします。果実が着いたら月に1〜2回、化成肥料30〜50g/m^2を追肥します。水やりは、植えつけ後や乾燥が続くときにはたっぷりと与えます。

❶マルチに穴をあけ、水を注ぎます

❷苗を浅植えして水をやります

手順3 収穫（80日後）

未熟果を若取りする

開花した後4〜10日ほどで収穫適期を迎えます。収穫期間はおよそ1〜2か月程度です。**長さ20〜25cmぐらいになった未熟果を若どりしましょう。**

また、開きかけた蕾《つぼみ》を収穫すると花ズッキーニが楽しめます。

成功するコツ

20〜25cmの大きさの果実の根元を、はさみで切って収穫します

ズッキーニの病害虫対策

ズッキーニの害虫はアブラムシが多く見られます。駆除するためには、DDVP1,000倍を発生初期に散布します。

また、ウドンコ病にはダコニール600倍を散布します。ただし、右の写真のように葉にある白い斑紋は、病気ではありません。

★★★☆☆

カボチャ ウリ科

無農薬でも育てられる栽培しやすいカボチャ

よくある失敗と対策

失敗		対策
葉が繁って実ができない	☞	追肥時の肥料を控える
実の接地部が虫に食われる	☞	実の下にわらなどを敷く

▶オススメの品種／栗えびす、ベイブレードなど
▶連作障害／なし
▶コンテナ栽培／できない

栽培カレンダー	3月	4月	5月	6月	7月	8月	9月	10月	11月	12月	1月	2月
作業手順		▲―▲（種まき） ●―（植えつけ）	―●（植えつけ）		■■（収穫）	■■（収穫）						
病害虫			―（病気）	―（病気）	―（病気）	―（病気） ウドンコ病						
			―（害虫）	―（害虫）	―（害虫）	―（害虫） アブラムシ・ハダニ						

▲ 種まき
● 植えつけ
■ 収穫
■ 病気
■ 害虫

カボチャの特性と品種

広いスペースで栽培する

カボチャは果菜の中ではもっとも強健な野菜で、病害虫の被害も比較的少ないため、無農薬でも十分に栽培できます。土壌適応性も広く旺盛に育ちますが、1株に7～8個も実がなるので、かなり広い面積を取ってしまいます。しかし、垣根にはわせたり、日除けがわりに棚づくりにするなど、工夫次第で楽しみながら栽培することもできます。

栽培適期は4月上旬から中旬に種をまき、7月上旬から8月にかけて収穫します。窒素過多になるとつるぼけを起こし、落果の原因となるので注意が必要です。

品種は西洋カボチャ、日本カボチャ、ペポカボチャの3種類があります。西洋種は果肉が粉質でほくほくとして甘みが強く栗カボチャとも呼ばれ、栗えびす、ベイブレードなどが代表的です。日本カボチャは果肉が粘質でねっとりした風味があり、黒皮、菊座、鹿ヶ谷などがあります。ペポカボチャには、果実の形や食味の風変わりなおもしろいものが多くあります。

皮が赤い赤皮栗カボチャ

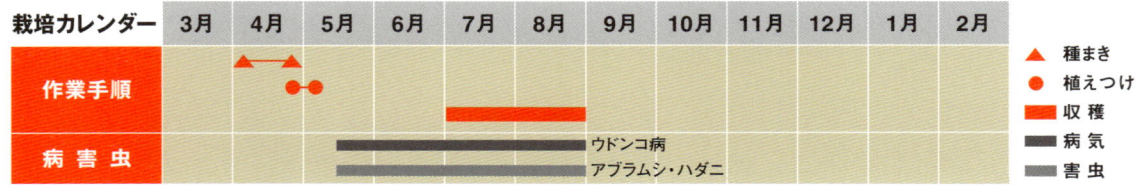

手順1 種まき

春にポットまきで育苗

じかまきとポットまきがありますが、カボチャの育苗はわりと簡単なのでポットまきがよいでしょう。

4月上旬から中旬に、12cm径ポットに2粒ずつ種をまきます。発芽したら生育のよいものを残して1本に間引きます。

本葉が4枚程度になったら植えつけられます。

❶ポットに培養土を入れ、2か所にくぼみをつけます

❷種を2粒まきます

❸土をかぶせて水をやります

手順2 植えつけ

多肥に注意する

植えつけ2週間前に石灰100～150g/m^2を散布してよく耕します。1週間前に堆肥2kg/m^2、化成肥料50～60g/m^2を散布して土になじませます。

植えつけは5月上旬の晩霜の心配がなくなった頃に行います。畝《うね》幅90～100cm、通路を含め200～250cmくらいをとります。株間は60～100cmとします。マルチをすると生育もよく、雑草も抑えられます。

❶畝の中央に深さ20cmの溝を掘り、肥料などを施して埋め戻します

❷マルチを張り、植えつけ位置に穴を掘り、水を注ぎます

❸水が引いたら苗を植えつけて水をやります

手順 3 整枝

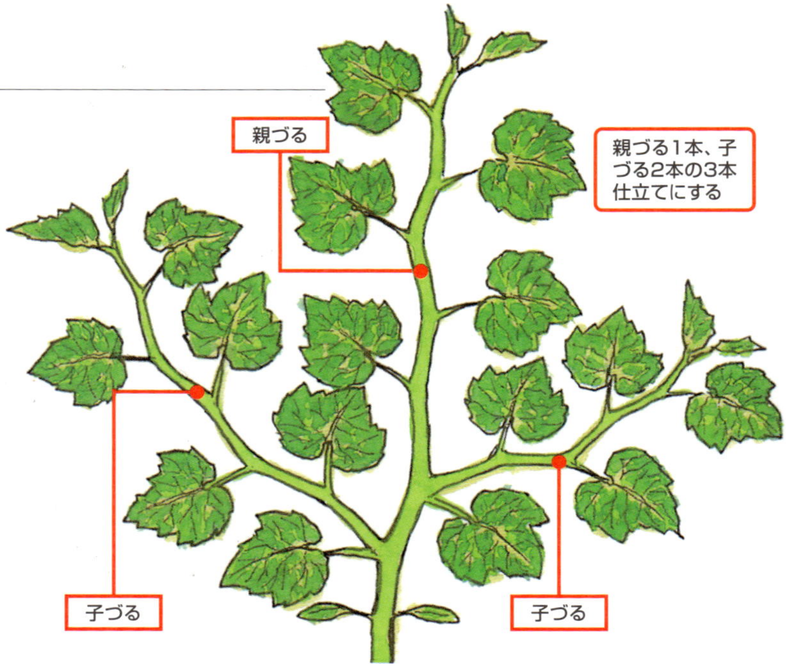
親づる
親づる1本、子づる2本の3本仕立てにする
子づる
子づる

生育のよい親づると子づるを残す

つるが伸びてきたら整枝を行います。普通は、親づると子づるの生育のよいものを合わせて2～3本伸ばす方法がよいでしょう。

不要なつるをナイフやはさみで切って整枝します。

手順 4 人工授粉

雌花が咲いたら授粉する

雌花が開花したら、その日の朝早くに雄花の花粉を雌花の柱頭につけて授粉します。朝を逃すと花粉が発芽力を失ってしまいます。自然にまかせると結実しない場合もあるので、人工授粉によって確実に結実させることが、カボチャ栽培のポイントです（雄花と雌花の形はP.90を参照）。

朝早くに雌花の柱頭にやさしく雄しべをこすりつけて受粉させます

手順 5 追肥・敷きわら

生育のようすを見ながら追肥する

果実がこぶし大になったら化成肥料30〜40g/m^2を畑全面に追肥します。しかし、つるの伸びが旺盛なときや葉の色が濃い場合は追肥を控えます。

つるが繁る前に敷きわらをします。土が見えなくなるぐらい株元までわらを敷きましょう。雑草を防除すると同時に、果実の汚れや害虫に食べられるのを防ぎます。

成功するコツ

果実がこぶし大になったら追肥
敷きわらの上からも追肥します

手順 6 収穫（90〜100日後）

適期の栽培を心がける

開花後40〜45日程度で収穫できます。へたが割れてコルクのようになったものが収穫適期です。

長期間の保存ができますので、収穫したら4〜5日間風乾《ふうかん》したのち利用するまで貯蔵します。

果梗《かこう》の部分をはさみで切って収穫します

カボチャの病害虫対策

カボチャは比較的病害虫に強い野菜ですが、アブラムシやハダニがつくことがあるので見つけたら取り除き、マラソン乳剤1,000倍液を散布して防除します。また、右の写真のようにウドンコ病にかかることもあります。発病したら薬剤（バイレトン水和剤など）を散布しましょう。

★★☆☆☆

ニガウリ ウリ科

特有の苦みがくせになる 健康野菜としても人気

よくある失敗と対策

失敗		対策
芽が出ない	☞	水に浸した種をまく
実がオレンジ色になる	☞	収穫が遅いので適期に収穫する

- ▶オススメの品種／にがにがくんなど
- ▶連作障害／あり（3～4年はあける）
- ▶コンテナ栽培／できる（大型で深さ30cm以上）

栽培カレンダー	3月	4月	5月	6月	7月	8月	9月	10月	11月	12月	1月	2月
作業手順（種まき ▲）		▲—	—▲									
作業手順（植えつけ ●）			●—	—●								
作業手順（収穫 ■）					■■	■■	■■					
病害虫	特に心配ありません											

▲ 種まき　● 植えつけ　■ 収穫

ニガウリの特性と品種

強健な野菜なのでつくりやすい

ニガウリは、名前の通り独特な苦みとシャキシャキとした食感が特徴です。原産地が熱帯アジアや東インドといわれるように、暑さにはきわめて強い野菜です。これまでは沖縄や鹿児島など、日本でも限られた地域でしか流通していませんでしたが、今や炒め物やサラダ、ジュースやお茶など全国的に幅広く利用されるようになりました。

栽培時期は4月下旬～5月上旬に種まきし、7～9月にかけて収穫します。ニガウリの種は発芽が遅いので、一昼夜水に浸した種を使います。また、比較的栽培期間が長いので有機物（例：鶏糞150g/m^2）を多く投入するとよいでしょう。

夏になると生育が旺盛になり、病害も比較的少ないので、家庭菜園でも非常につくりやすい野菜といえます。土壌の適応性は広いのですが、水はけのよい土壌または砂壌土が適しています。また、つる性のためほかのものによく絡みつくので、夏の日除けがわりに栽培してもよいでしょう。

各地域で独特な品種が栽培されていますが、果形や果色などで分けると、青長、青中長、白長、白中長などの品種があります。また、短い紡錘形の品種などもあります。

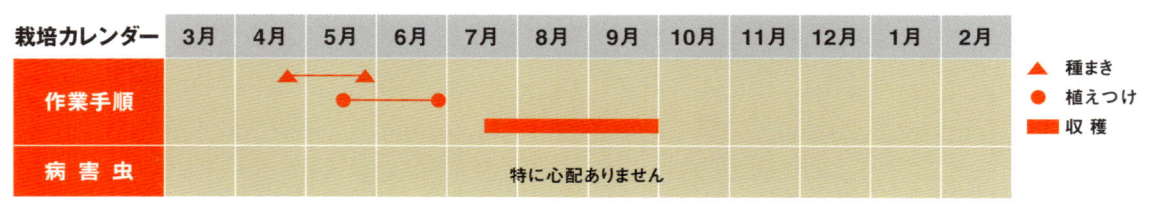

手順1 種まき・植えつけ

ポットに2粒まきで育苗

9cm径ポットに種を2粒まき、覆土は1cmでたっぷりと水やりします。本葉1枚で1本に間引き、本葉4～5枚で植えつけます。植えつけ2週間前に石灰100g/m^2、1週間前に堆肥2kg/m^2、化成肥料100g/m^2を散布してよく耕します。幅120cm、高さ15cmの畝《うね》に株間40～50cmで植えつけます。

❶ ポットに培養土を入れ、くぼみを2か所つくります

❷くぼみに種を1粒ずつまきます

手順2 支柱立て・追肥

1か月に1～2回の追肥

ニガウリはつる性なので早めに支柱を立てて誘引します。合掌式(P.35参照)で支柱を立て(1条植えの場合はネットなどに誘引します)、つるをひもで軽く結んで誘引します。

果実が生長してきたら1か月に1～2回、化成肥料30g/m^2を株の周りに施します。

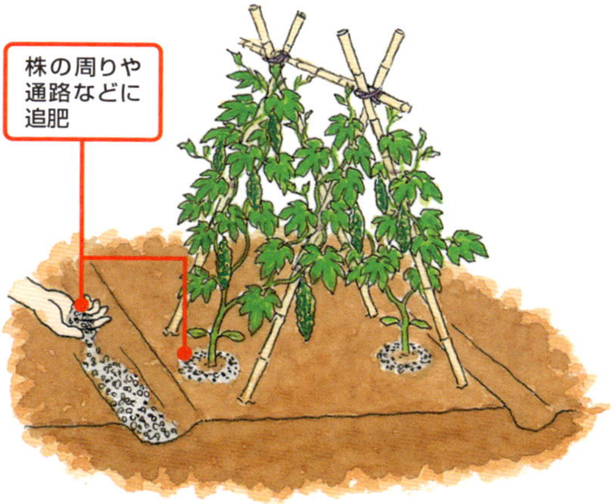

手順3 収穫 (90～100日後)

成功するコツ

未熟果と熟果どちらもおいしい

品種にもよりますが、中長品種で15～20cm、長品種で25～30cmを目安に未熟果を収穫します。

未熟なうちは苦いのですが、熟してくるとタネのまわりが赤いゼリー状に変わり、アケビと同じように甘くなります。

へたを切って収穫します

ニガウリの病害虫対策

ニガウリは病害虫被害の少ない野菜です。特別心配する必要はありませんが、夏場にアブラムシなどがついた場合には、見つけ次第取り除きます。

それでも心配な場合には、DDVPを1,000倍に薄めたものをスプレーで散布して防除してもよいでしょう。

★★☆☆☆

シロウリ ウリ科

漬け物や煮物に最適 育てやすい野菜

よくある失敗と対策

失敗		対策
実ができない	☞	人工授粉をする
果実の地際が虫食い	☞	敷きわらをする

写真／カネコ種苗(株)

- ▶オススメの品種／早馬（青はぐら）、白はぐらなど
- ▶連作障害／あり（1～2年はあける）
- ▶コンテナ栽培／できない

栽培カレンダー	3月	4月	5月	6月	7月	8月	9月	10月	11月	12月	1月	2月
作業手順		▲種まき	▲種まき／●植えつけ	●植えつけ	収穫	収穫						
病害虫			ベト病・ウドンコ病（病気）／アブラムシ・ハダニ（害虫）	ベト病・ウドンコ病（病気）／アブラムシ・ハダニ（害虫）	ベト病・ウドンコ病（病気）／アブラムシ・ハダニ（害虫）	ベト病・ウドンコ病（病気）／アブラムシ・ハダニ（害虫）						

▲種まき　●植えつけ　■収穫　■病気　■害虫

手順1 種まき・植えつけ

4月上旬頃に種まき

ポリポットに種を3～4粒まき、発芽して本葉1枚の頃に1本立ちにして、本葉4～5枚で植えつけます。植えつけ2週間前に畝《うね》幅60cmとして石灰100g/m^{2}を、1週間前に畝の中央に深めの溝を掘り、堆肥2kg/m^2、化成肥料100g/m^{2}を散布して土を戻します。高さ10cmの畝をつくって株間60cmで植えつけ、水をたっぷりやります。

手順2 栽培管理・収穫（90日後）

直径5～6cmになったら収穫

本葉5～6枚を残して親づるを摘心し、下から2番目の子づるから子づる4本程度を伸ばし、孫づるは本葉2枚を残して摘心します。つるが盛んに伸びてきたら畝の肩に化成肥料30g/m^{2}を追肥して敷きわらをします。子づるが畝からはみ出るくらいの頃に、2回目の追肥をします。開花したら人工授粉し、着果したら好みの大きさで収穫します。

シロウリの病害虫対策／病害虫には比較的強いのですが、過湿によりベト病やウドンコ病になります。敷きわらなどをして、病気の葉はすぐに取り除きます。

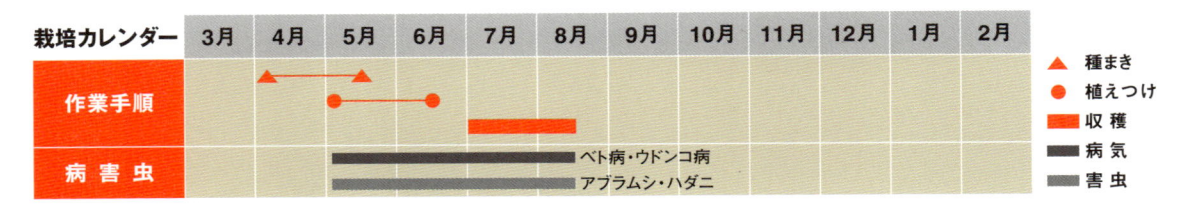

★★☆☆☆

ヘチマ ウリ科

若い果実は食用に熟果は繊維取りに

よくある失敗と対策

失敗		対策
収穫量が少ない	☞	水やりをしっかり行う
食べると繊維っぽい	☞	開花して約10日後の若い果実を収穫

- ▶オススメの品種／特になし
- ▶連作障害／あり（1～2年はあける）
- ▶コンテナ栽培／できない

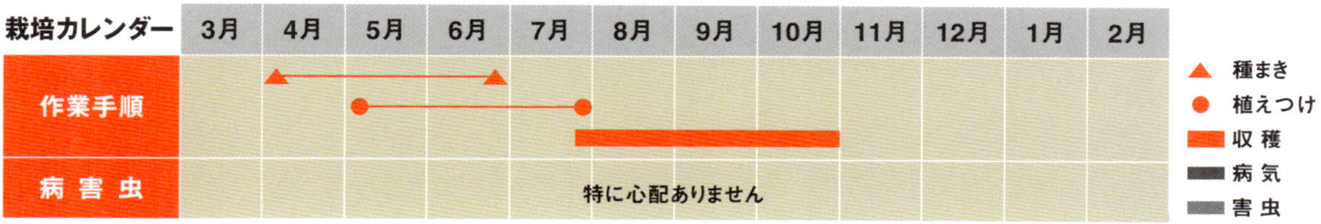

手順1 種まき・植えつけ

4月上旬頃に種まき

シロウリ（P.82参照）と同様に種をまき、植えつけを行います。植えつけの1～2週間前に元肥《もとごえ》を投入し、株間は90cmとします。**植えつけ後は土が乾いてきたら水やりをします。**

また、ポットで育苗せずに市販の苗を購入してもよいでしょう。

手順2 栽培管理・収穫（120日後）

食用にするなら幼果を収穫

つるが50～60cmの頃に株の周りに化成肥料30g/m^{2}を追肥します。また、伸びてくるので、支柱やネットを使って絡ませるか、棚などにつるを這わせて栽培します。果実が肥大してきた頃に2回目の追肥をし、以降20～25日おきに追肥します。

収穫は、**食用の場合は開花の約10日後（盛夏は7～8日）、繊維取りは40～50日後に行います。**

ヘチマの病害虫対策／ヘチマには、特別被害の大きな病害虫はありません。無農薬でおいしい果実を栽培しましょう。

★★★★☆

イチゴ バラ科

手間はかかるが甘くおいしい果実が魅力

よくある失敗と対策

失敗	対策
実が畝の側についた	ランナーの跡を内側にして植える
実にカビが生える	殺菌剤を散布する

▶オススメの品種／宝交早生、ダナーなど
▶連作障害／あり（1～2年あける）
▶コンテナ栽培／できる（深さ15cm以上）

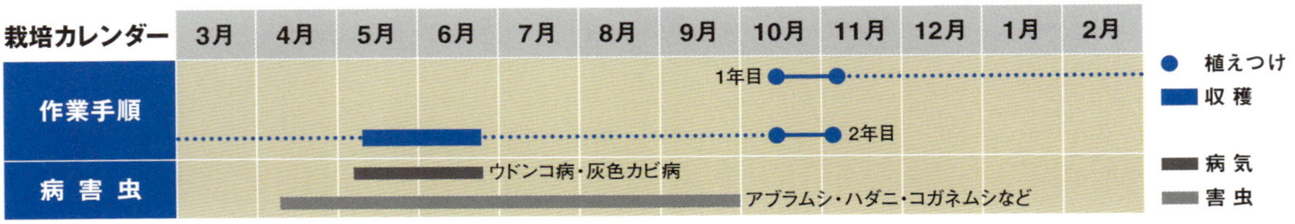

イチゴの特性と品種

露地栽培品種がおすすめ

イチゴは南北アメリカが原産とされる野菜です。赤く熟した果実が生食で利用されていますが、本当の果実は、種のように見える小さな粒の部分で、果肉と考えられている部分は花托《かたく》です。

生育の適温は、17～20℃と冷涼な気候を好みます。夏の暑さや乾燥に弱いのですが、寒さには強く雪の下でも越冬します。畑は、水はけがよく適度の水分と通気性をもった肥沃な土壌と、日当たりのよい場所が適しています。

秋～冬の低温短日条件で花芽が分化し、その後の高温長日条件で開花・結実します。

繁殖は主に、ランナー（親株から伸びて地面に着くと子株をつけるつる）から形成される子株を栄養繁殖する方法で行います。

品種は実に多彩で、品種改良により生育特性や果実の形、味の異なるイチゴがたくさんつくられています。スーパーなどでも女峰やとよのかなどたくさんの品種を目にしますが、これらはみなハウス栽培用の品種で、露地栽培用ではありません。

家庭菜園でつくりやすい品種としては、宝交早生、ダナーなど、露地栽培用の品種がおすすめです。

手順1 畑づくり

❶石灰を施した畑に堆肥を施します

元肥《もとごえ》をたっぷりと施す

植えつけ2週間前に、石灰を100g/m^2散布して荒く耕した後、堆肥3kg/m^2を施し、ていねいに耕します。化成肥料100g/m^2、ヨウリン30g/m^2を全面散布し、土とよくなじませます。

植えつけの直前に畝《うね》幅60～70cm、高さ15～20cmの平畝をつくります。

❷化成肥料、ヨウリンを施し、くわで土とよく混ぜ合わせます

❸幅60～70cm、高さ15～20cmの畝をつくります

手順2 植えつけ

花房を外側に浅めに植えつけ

10月中旬から11月上旬、種苗店から苗を購入し、株間30cmの2条植えにします。

苗の植えつけのコツは、葉のつけ根が軽く隠れる程度に浅植えすることと、**花房が通路側になるように、あるいは日当たりのよい側に伸びるように植えつけることです**（親株ランナーの跡の反対側から花房が出ます）。

植えつけ後はたっぷりと水やりします。

成功するコツ

❶ランナーの跡の反対側から花が咲くので、ランナーの跡を畝の内側にして植えつけます

❷移植ゴテで株間30cmに穴を掘り、穴に水をたっぷり注ぎます

❸水が引いたら、苗を穴に浅めに入れ、株の根元を軽くおさえます

手順 3 中耕《ちゅうこう》・追肥

着果したら液体肥料を施す

植えつけ後、苗が活着しはじめる頃から、寒さに強いハコベなどの雑草が出てきます。除草をかねて中耕を1〜2回行いましょう。

追肥は、1月下旬〜2月上旬に化成肥料30〜40g/m²を条間に施し、中耕します。

また、果実が肥大しはじめた頃に液体肥料を施すと効果的です。

❶雑草をきれいに取り除きます

❷苗の枯れている葉も取り除きます

❸条間に追肥して土に混ぜます

手順 4 マルチング

低温にさらしてから保温

2〜3月に黒色ポリマルチでマルチングすると、地温が上昇して生育が進み、開花も早まります。さらにマルチングにより雑草を防ぐことにもなります。

ただし、マルチをかける前に枯れ葉や病気にやられている葉を、しっかりと取り除きましょう。

成功するコツ

❶苗の上からマルチをかけます

❷苗の上から指でマルチに穴をあけます

❸マルチにあける穴はなるべく小さくします

手順5 収穫（200日後）

5月中旬～6月中旬頃が収穫時期

開花後30～40日前後、5月中旬頃から真っ赤な甘い果実が楽しめます。赤く熟したものから、順次収穫していきます。

赤く熟したものを手で摘みとります

手順6 株分け（ランナー）

来年用の苗を育てる

収穫がはじまると、ランナーが伸びて子株が形成されます。収穫が一段落したら、次年度の苗づくりとなります。

ポット育苗が簡単で失敗が少ないのでおすすめです。具体的には、伸びてきた株を土を入れたポットに入れ、ランナーに石をのせて固定します。ポットに根づいたら、子株から2～3cm残してランナーを切り、株分けの完了です。

❶伸びてきた株をポットに入れます

❷ランナーに石をのせて固定します

イチゴの病害虫対策

病気に感染していない苗を選べば、病害虫の心配はあまりありませんが、葉に白い粉状のものがつくウドンコ病にはモレスタン水和剤2,500倍を、収穫の時期に実が腐る灰色カビ病にはロブラール水和剤1,500倍を散布します。

アブラムシにはDDVP1,000倍、ハダニ類にはケルセン乳剤を初期に散布します。

★★★★☆

スイカ ウリ科

暑さに強いスイカは夏の風物詩

よくある失敗と対策

失敗		対策
果実が小さい	☞	適期の摘果と追肥をする
実がつかない	☞	人工授粉をする

- ▶オススメの品種／紅しずく、ミゼットなど
- ▶連作障害／あり（3〜4年はあける）
- ▶コンテナ栽培／できる（深さ30cm以上の大型コンテナ）

栽培カレンダー	3月	4月	5月	6月	7月	8月	9月	10月	11月	12月	1月	2月
作業手順			●─● 植えつけ		━ 収穫（下旬〜）	━ 収穫						
病害虫（病気）				━	━	━	疫病・炭疽病・ウドンコ病					
病害虫（害虫）				━	━	━	アブラムシ・ハダニ・ウリハムシなど					

● 植えつけ　■ 収穫　■ 病気　■ 害虫

スイカの特性と品種

日当たりと排水性のよい場所で栽培する

真っ赤な果肉と、みずみずしく爽やかな甘さで夏の風物詩として親しまれているスイカ。初心者には少々栽培が難しいのですが、挑戦してみたい魅力的な野菜のひとつです。

スイカは、アフリカ中南部が原産とされ、アメリカで品種改良が行われました。酸性の土質や土の乾燥にも強く、土壌適応性は広いのですが、連作は禁物です。3〜4年はウリ科の野菜を栽培していない場所を選びましょう。また、日当たりがよく排水性のよい場所を選ぶことも成功の秘訣《ひけつ》です。

栽培時期は、5月上旬〜5月中旬に植えつけ、7月下旬〜8月にかけて収穫します。植えつけには病気に強いつぎ木苗を使用すると栽培しやすいでしょう。

比較的高温を好むので、植えつけ直後は株ごとにホットキャップをかぶせ、生長を促してやるとよいでしょう。

品種は小玉種と大玉種に分けられます。大玉種では縞玉マックス、紅大、端祥、金輝などがあります。家庭菜園におすすめの品種は小玉種で、紅しずく、紅こだまなどです。また果肉が黄色い品種もあり、その場合は小玉黄肉種のミゼットやニューこだまなどの品種が比較的栽培しやすいでしょう。

手順 1 畑づくり・植えつけ

ホットキャップで発育を促す

植えつけの2週間前までに石灰150g/m^2を散布してよく耕します。1週間前に畝間200cm、株間100cmとして、中央に深さ30cmの穴を掘ります。そこに堆肥2kg、化成肥料30g、ヨウリン15gを入れ、鞍つき畝《うね》にします。

5月上旬〜中旬に、苗を浅めに植えつけます。高温を好むので、活着するまでホットキャップで覆います。

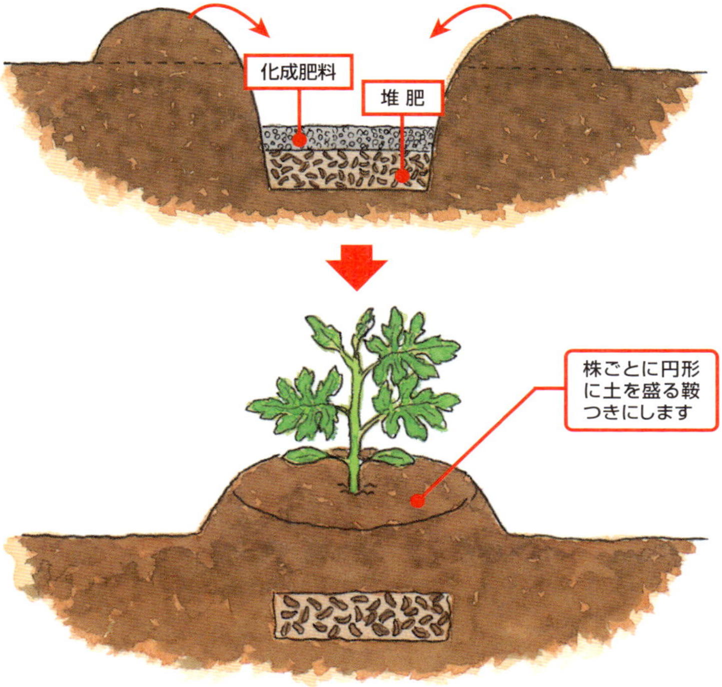

手順 2 整枝

3〜4本仕立てに

植えつけ後、本葉5〜6枚になったら、摘心します。勢いのよい子づる3〜4本を伸ばし3〜4本仕立てにします。

整枝後も伸びてきた子づるや孫づるを摘み取りながら、つるを広げていきます。

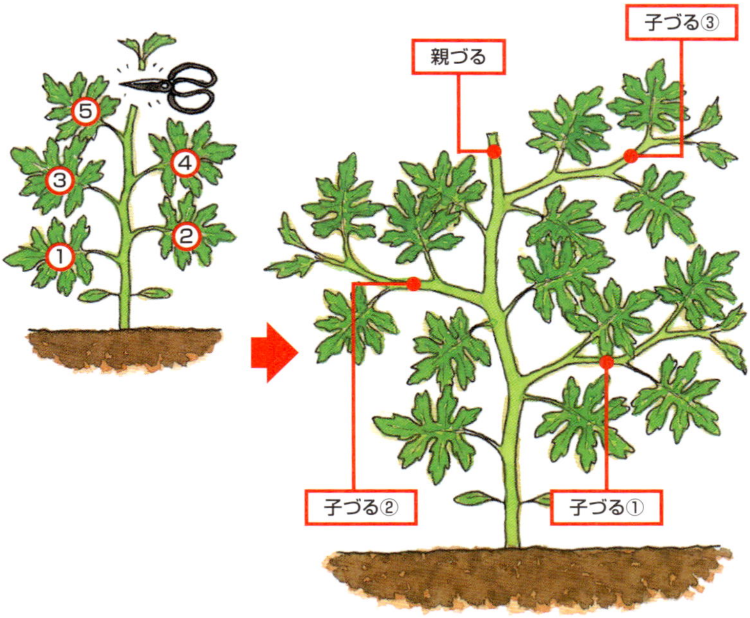

手順 3 人工授粉

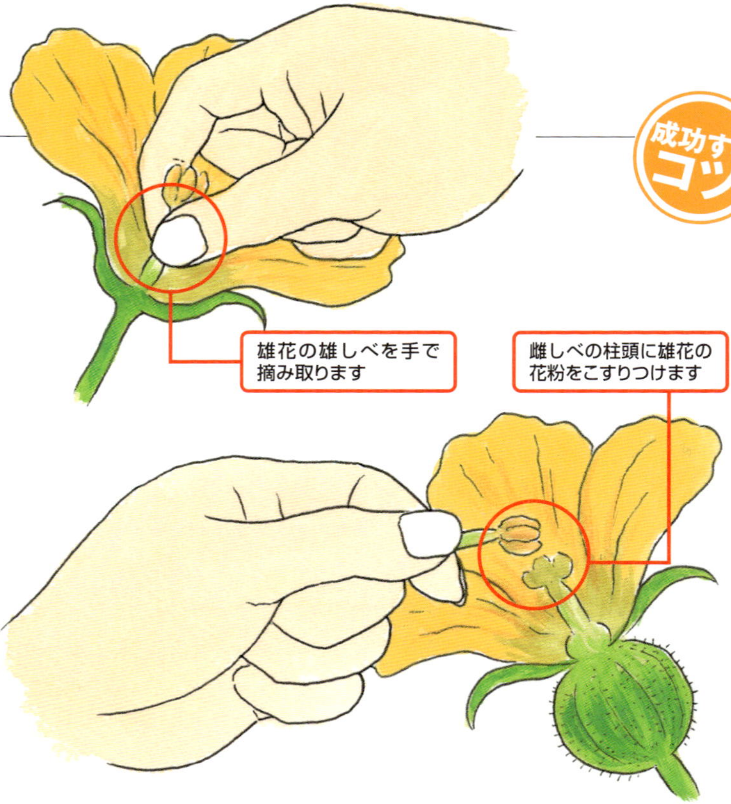
成功するコツ
雄花の雄しべを手で摘み取ります
雌しべの柱頭に雄花の花粉をこすりつけます

晴れた日に授粉する

花が咲きはじめたら、各つるの18節より先に着いた最初の雌花の、雌しべの柱頭に、花びらを外した雄花の花粉をこすりつけて授粉します（雌花は子房の部分がふくらんでいます）。交配した日づけを書いて標識を立てておき、収穫の際の目安にします。

手順 4 摘果・敷きわら・追肥

成功するコツ

摘果して果実を大きくする

1株から**2〜4個程度収穫するのを目標にして、ほかの果実を摘み取ります。**

畑全体に敷きわらをし、着果したら化成肥料30g/m^2を畝の周りに追肥します。**着果前に追肥するとつるぼけになりやすいので気をつけましょう。**

2回目以降の追肥は、生育状態を見ながら、株に元気がないようなら適宜行います。

果実が着いたら追肥します

手順 5 除草

雑草はていねいに抜き取ります

除草をして果実を大きく育てる

雑草が茂ってくると日当たりが悪くなり、果実が大きくならなかったり、品質を低下させる原因となります。

つるが伸びる前や、雑草が生えてきたときには、除草をしっかりと行います。

手順 6 収穫 (90～100日後)

果梗部をはさみでカットして収穫します

開花後35～40日が収穫目安

スイカは、外観や果実を打診した音で熟期を判断できるといわれます。しかし、確実に判定することは難しいので、開花後日数(35～40日程度)や、積算温度(毎日の平均温度(1日の最高気温と最低気温を足して2で割ったもの)の合計が900～1000℃)を参考にして収穫しましょう。

収穫は果梗《かこう》部をはさみで切ります。

スイカの病害虫対策

スイカは過湿により病害が発生しやすいので、長雨や排水に注意します。主な病害は、葉に輪紋が出て枯れる炭そ病や、白く粉を吹くウドンコ病です。炭疽《たんそ》病にはジマンダイセン水和剤500倍、ウドンコ病にはダコニール1,000倍を散布します。

また、アブラムシやハダニなどの害虫も発生しますので、見つけ次第取り除き、薬剤を散布して防除に努めます。

★★★★★

メロン（マクワウリ） ウリ科

腕が上がったら挑戦 上級者向け

写真／（株）サカタのタネ

よくある失敗と対策

失敗	対策
植えつけ後にうまく育たない	マルチをして地温を上げる
雌花がつかない	摘心して子づる、孫づるを出す

- ▶ オススメの品種／プリンスメロン、マクワウリなど
- ▶ 連作障害／あり（2～3年はあける）
- ▶ コンテナ栽培／できる（深さ30cm以上）

栽培カレンダー	3月	4月	5月	6月	7月	8月	9月	10月	11月	12月	1月	2月
作業手順	▲（種まき）	▲（種まき）	●（植えつけ）		━（収穫）	━（収穫）						
病害虫（病気）			━	━	━	━ つる枯れ病・ベト病・斑点細菌病など						
病害虫（害虫）			━	━	━	━ アブラムシ・ウリハムシ						

▲ 種まき　● 植えつけ　■ 収穫　■ 病気　■ 害虫

メロンの特性と品種

日当たりのよい温暖な畑で栽培

メロンはつる性の一年生草本植物で、スイカと同様に高温を好む野菜です。根が浅根性で酸素を多く必要とするため、土壌に有機物を多投して、通気性、水はけのよい畑にすることが大切です。

メロンは果菜として野菜に分類されていますが、主な利用はデザートで、むしろ「果物」として扱われています。

つる枯れ病に弱いため、連作は絶対に避けて栽培し、やや高価ですが、植えつける苗はつぎ木苗を購入するとよいでしょう。

メロンの品種は、大きく分けると表皮が滑らかで栽培しやすい品種（ノーネット型メロン）と、表皮が網目になっている栽培の難しい品種（ネットメロン）とがあります。

家庭菜園で栽培しやすいのは、網目のないプリンスメロンとマクワウリです。アンデスメロンなどのネットメロンは、家庭菜園上級者向けといえます。

表面が網目になっているネットメロン

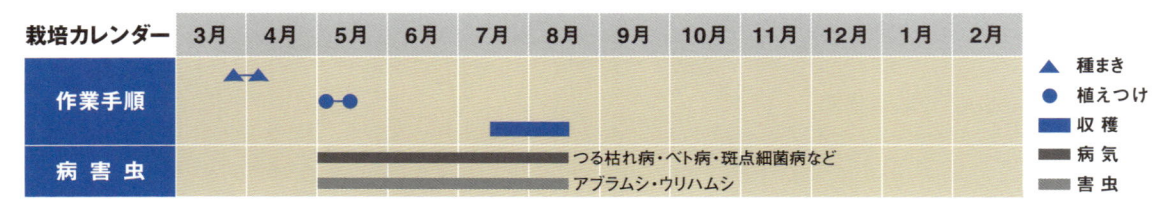

手順1 種まき

❶培養土を入れたポットに、指で3か所にくぼみをつけます

つくりたい品種はポットまき

自分でつくってみたい品種がある場合は、ポットなどに種まきして育苗します。

3月下旬以降に種まきします。9cm径ポットに3粒まきとします。水やりして土を乾かさないようにし、日中は20～30℃以上、夜は18℃以上に保つと発芽しやすくなります。発芽後は、本葉3～4枚の頃までに、育ちのよい苗を1本残して間引きます。本葉4～5枚になったら植えつけます。

❷くぼみに1粒ずつ種をまきます

❸土をかぶせて手で軽くおさえます

手順2 土づくり・植えつけ

5月上旬に植えつけ

植えつけの2週間前に石灰150g/m^2を散布して耕し、その後、堆肥4kg/m^2、油粕100g/m^2、化成肥料100g/m^2、ヨウリン60g/m^2を散布して土によく混ぜ込みます。

畝《うね》幅180～200cm、株間75～90cmで苗を植えつけます。また、失敗を避けるために、植えつける場所に幅60cm、高さ15～20cmの高畝をつくり、**マルチをかけて地温を上げておくと活着がよくなります。**

成功するコツ

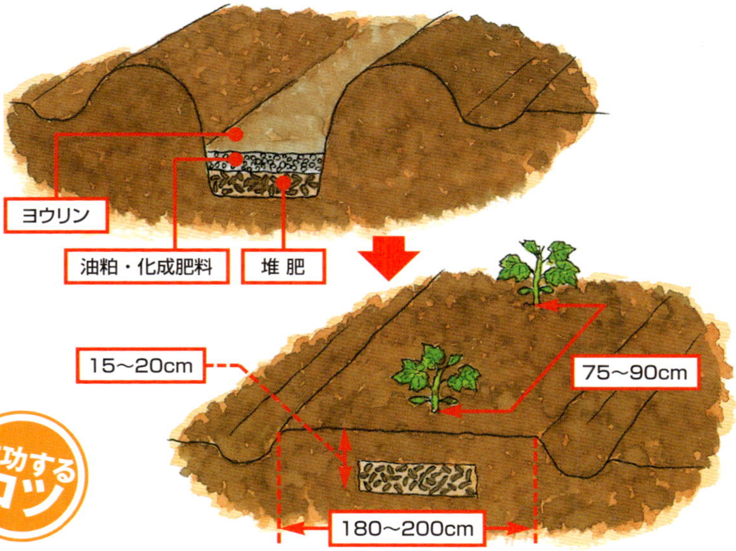

手順 3 整枝

親づるを摘心して子づるを伸ばす

植えつけ後、約2〜3週間でつるが伸びてくるので、3本仕立てとします。本葉が5枚になったら摘心し、子づるを3〜4本伸ばし、いずれも15〜20葉のところで摘心します。

それぞれの子づるの5〜12節までの孫づるに着果させます。着果したら、2葉を残して摘心します。

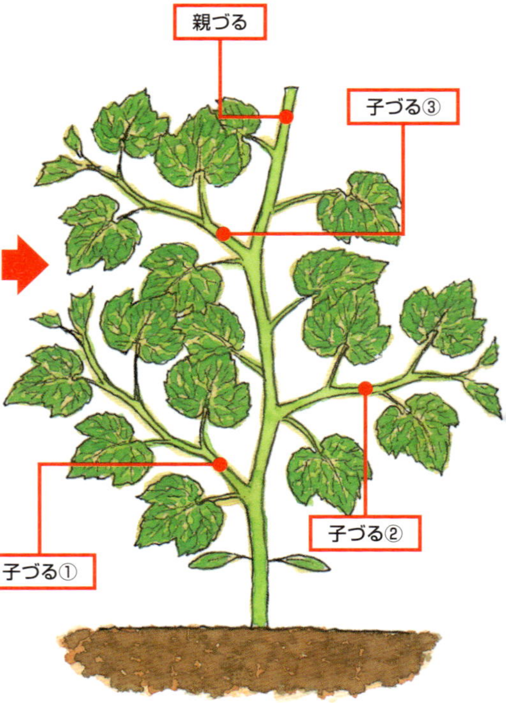

手順 4 追肥・敷きわら

着果した頃に最初の追肥

着果した一番果が卵ぐらいの大きさになった頃に、生育の様子を見て化成肥料30g/m^2を畝《うね》の肩に追肥し、土寄せします。その後、畑の全面に敷きわらをし、雑草を防除すると同時に果実を保護します。

1回目の追肥から15〜20日後に同量の化成肥料を追肥し、土寄せをします。

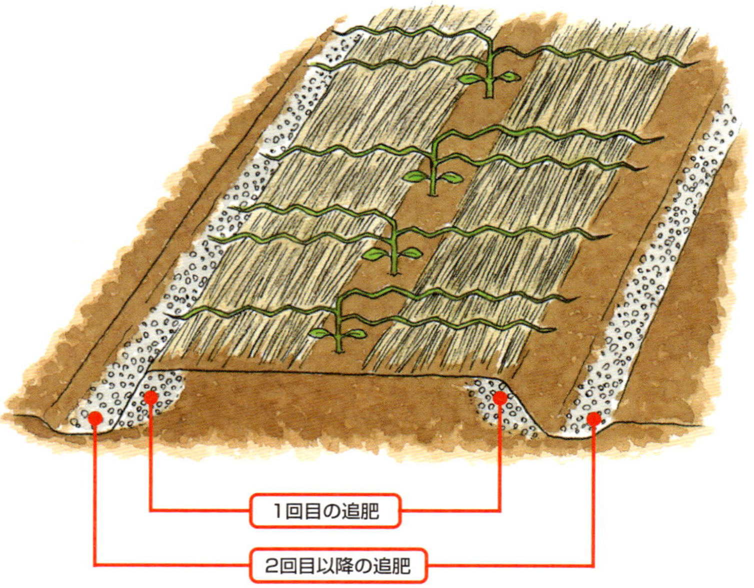

手順5 人工授粉・摘果

花を折らないように
やさしく持ちます

雌花が開花したら受粉

日当たりが悪いとうまく受粉しないため、雌花が咲きはじめたら、9〜10時頃までに、雄花の花粉を雌花の柱頭につけて人工授粉を行い着果を促します（雄花と雌花の形はP.90を参照）。

開花7〜10日でピンポン玉大のときに不良果を摘果し、1本の子づるに2〜3個（1株に6〜9個）をつけさせます。**収穫が近づいたら水やりを控え、糖度を上げます。**

成功するコツ

手順6 収穫（100〜110日後）

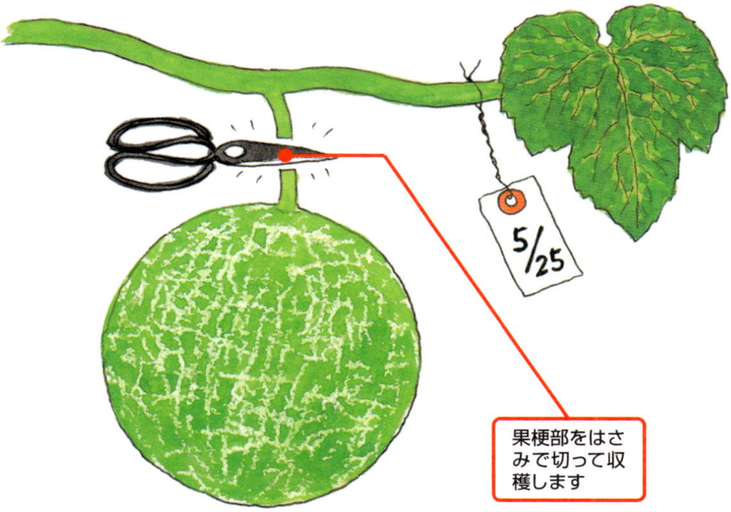
5/25
果梗部をはさみで切って収穫します

開花後40〜50日後に収穫

開花後、40〜50日程度で収穫できます（マクワウリは35〜40日前後）。プリンスメロンは成熟すると果実表面の緑色が灰白色に変化し、果梗の毛がなくなりはじめた頃が適期です。もしくは果実からよい香りがしたら収穫適期です。収穫期を逃さないために、人工授粉した日を書いた札をつるしておきましょう。

メロンの病害虫対策

メロンの病害虫は、株が枯れてしまう立ち枯れ性疫病、つる枯れ病に注意します。発病したらオーソサイド1,000倍液を1株当たり1リットル灌注《かんちゅう》して被害をおさえます。斑点細菌病には、銅水和剤800倍を散布します。

また、アブラムシは株を弱らせるだけでなく、モザイク病を媒介することもあります。見つけ次第取り除き、DDVP1,000倍液を散布して防除します。

★★☆☆☆

サヤエンドウ マメ科

種まき時期と連作に注意して栽培

よくある 失敗 と 対策

失敗	対策
冬越しで枯れる	適期に種をまく
葉に白いスジ	ナモグリバエを防除

▶ オススメの品種／絹小町、スナックなど
▶ 連作障害／あり（4～5年はあける）
▶ コンテナ栽培／できる（深さ15cm以上）

栽培カレンダー	3月	4月	5月	6月	7月	8月	9月	10月	11月	12月	1月	2月
作業手順												
病害虫					ウドンコ病 アブラムシ・ナモグリバエ					立ち枯れ病		

▲ 種まき
■ 収穫
■ 病気
■ 害虫

サヤエンドウの特性と品種

越冬前に株を大きくさせないことがポイント

エンドウは生育適温が15～20℃と低温を好み、冬越しさせて栽培する野菜なので、種まきの時期が大切になります。10月中旬～11月上旬に種をまき、翌年の4～5月頃に収穫します。早まきして株が大きくなった状態で越冬させると、寒さにやられてしまうので注意が必要です。

また、連作に弱く、酸性土壌ではうまく生育しないため、4～5年はエンドウをつくっていない場所を選び、栽培前に石灰質肥料で酸度を調整する必要があります。発芽する頃に鳥害を受けやすいので、べたがけなどで覆って栽培するとよいでしょう。

品種は、実がふくらむ前の若いさやを利用するサヤエンドウ、さやと実を利用するスナップエンドウ、若い実を利用するグリーンピースがあります。草丈の低いつるなし品種などもあります。

サヤエンドウの主な品種

サヤエンドウ	豊成、絹小町、白花絹さや、赤花絹さや、仏国大さやなど
グリーンピース	グリーンピース、ウスイ、南海緑など
スナップエンドウ	つるあり白花のスナック、ホルンなど

手順1 種まき

種まきの時期に注意

エンドウは早まきして株が大きくなりすぎないように注意し、**10月中旬～11月上旬にポットで苗を育てます。**

9cm径ポットに種を4粒まき、本葉2～3枚ぐらいになるまで育てます。

じかまきの場合は、株間30cmとして1か所に4～5粒の点まきにします。発芽する頃に鳥害を受けやすいので、べたがけなどで覆っておくとよいでしょう。

成功するコツ

❶ 9cmのポットに腐葉土を入れ、くぼみを4か所につくります

❷ 1か所に1粒ずつ種をまきます

❸ 土をかぶせて水をやります

手順2 間引き

発芽したら3本立ちにする

発芽したら生育のよいものを3株残し、ほかの株を間引きします。本葉が2～3枚になったら植えつけます。

じかまきの場合、本葉が3～4枚になったら株元に軽く土寄せします。また、敷き草（わら）をすると、乾燥を防ぎ、防寒対策にもなります。

❶ 発芽したら間引きを行います

❷ 育ちのよい苗を残して1本間引きます

手順 3 畑づくり・植えつけ

石灰で土壌を調整

サヤエンドウは酸性土壌ではうまく生育しないため、石灰で土壌の酸度を調整します。

植えつけの2週間前に石灰150g/m^2を散布してよく耕し、次に堆肥2kg/m^2と化成肥料50g/m^2を施して耕し、土に混ぜ込みます。

幅100cm、高さ10cmの畝《うね》をつくり、株間30cm、条間60cmで苗を植えます。植えつけ後はたっぷりと水をやります。

❶株間30cm、条間60cmで穴を掘ります

❷穴に水をたっぷりと注ぎます

❸水が引いたら苗を植えつけ、株元を軽くおさえます

手順 4 防寒対策

ササ竹で霜除け

12月下旬から2月にかけては寒さが一番厳しくなる時期ですので、霜除けのために畝の北側ないし西側にササ竹を立てて防寒します。

2月頃になり、ササ竹が枯れたら取り外します。

畝の北側もしくは西側に、高さ約50cm程度のササ竹を立てます

手順5 支柱立て・追肥

支柱を立ててつるを絡ませる

2月に入ってつるが伸びてきたら、ササ竹を取り外します。畝の周りに支柱を立てて、茎をひもで結んで誘引し、つるを絡ませます。

また、支柱の周りにネットを張ってつるを絡ませてもよいでしょう。

2月になったら株元に化成肥料30g/m^2を施し、土寄せをします。

❶畝の周りに支柱を立ててひもを張ります

❷地際に伸びているつるを上に伸ばし、ひもで軽く結びます

❸つるの伸び具合に合わせて、上段のひもに結びつけていきます

手順6 収穫（180日後）

実がふくらんできたら収穫

サヤエンドウは実がふくらみはじめる頃が収穫適期です。

スナップエンドウはさやがふくらんだ頃に収穫します。

実どり用エンドウは開花後約35日くらい、さやの表面に小じわが生じた頃が収穫適期です。

いずれも収穫が遅れると実が硬くなるので、適期の収穫を心がけましょう。

つるを切って収穫します

サヤエンドウの病害虫対策

春に葉に絵を描いたようなナモグリバエの幼虫の食害が見られたら、エルサン乳剤1,000倍を散布します。葉に白い粉状のカビが出るウドンコ病には、トップジンMなどを散布します。

また、春に茎や葉が黄色く変色して枯れる場合は、連作によるものですので注意しましょう。

★★☆☆☆

マメ科

インゲン

若どりした実は家庭菜園ならではの味

よくある 失敗 と 対策

実がつかない ☞ 窒素肥料を控える

花が落ちる ☞ 水やりをしっかり行う

- ▶オススメの品種／さつきみどり2号など
- ▶連作障害／あり（3〜4年はあける）
- ▶コンテナ栽培／できる（深さ30cm以上）

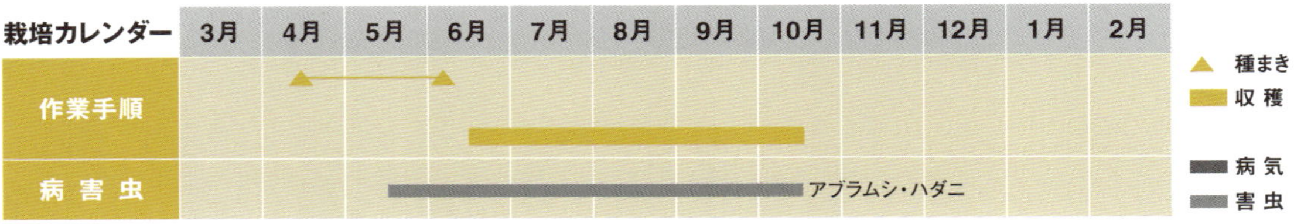

サヤインゲンの特性と品種

短期間で何回も栽培してみたい

インゲンは和え物、天ぷら、煮物など、さまざまな料理に幅広く利用される便利な野菜です。もともとは中央アメリカが原産といわれ、隠元《いんげん》禅師が日本に伝えたことが名前の由来だとされています。

生育適温は20℃前後と豆類の中では比較的高温を好みますが、30℃以上の高温と10℃以下の低温では生育が悪くなります。短期間で何回も作づけができることから、関西地方では「三度豆」とも呼ばれています。日当たりのよい場所を好みますが、乾燥すると落花やハダニが多くなるので、水はたっぷりと与えます。

草丈の低いつるなし種とつるが伸びるつるあり種がありますが、家庭菜園初心者にはつるなし品種がおすすめです。また、さやの形によって、丸さやと平さやがあります。おすすめの品種はつるなし種ではさつきみどり2号、セリーナなど、つるあり種ではケンタッキー101、王湖など、平さやではモロッコなどがあります。

幅が広くやわらかいモロッコインゲン（左）とつるありインゲン（右）

手順 1 畑づくり

❶石灰を散布してよく耕します

石灰で土壌の調整

インゲンは連作障害が出やすいので、3～4年は栽培していない場所を選びます。また、酸性土壌を嫌うので、石灰による土壌の中和が必要です。

種まきの2週間前に石灰150～200g/m^2を散布してよく耕します。1週間前に畝幅60～75cm（2条植えは畝幅90～100cm）として堆肥2kg/m^2、化成肥料100g/m^2を散布して耕します。

❷堆肥と化成肥料を施してよく耕します

手順 2 種まき

❶畝に株間30cmでくぼみをつけます

5月上旬から種まき

じかまきは5月上旬から、ポットまきは4月中旬頃が種まきの適期ですが、6月上旬頃までまけます。幅60～75cm、高さ10cmの平畝をつくり、株間30cmとして1か所に3粒ずつ種をまきます。

種まき後は水をたっぷりとやります。

ポットまきでは10.5cm径のポットに3粒ずつ種をまきます。

❷1か所に3粒種をまきます

❸土をかぶせて軽くおさえます

手順 3 間引き

❶本葉が出たら間引きます

本葉が展開したら間引き

種まきから約10～15日後、発芽して本葉が展開したら、育ちのよい株を残して1本間引き、2本立ちにします。

間引いた苗は、発芽しなかった場所などに移植できます。

❷育ちのよい苗を残して1本間引きます

手順 4 支柱立て・誘引

支柱を立てて株の倒伏を防止

つるなし種は支柱なしでも育てられますが、株が倒れるのを防ぐために1m程度の支柱を立てて誘引します。

つるあり種は合掌式(P.35参照)に支柱を組み、ひもで結んで誘引します。

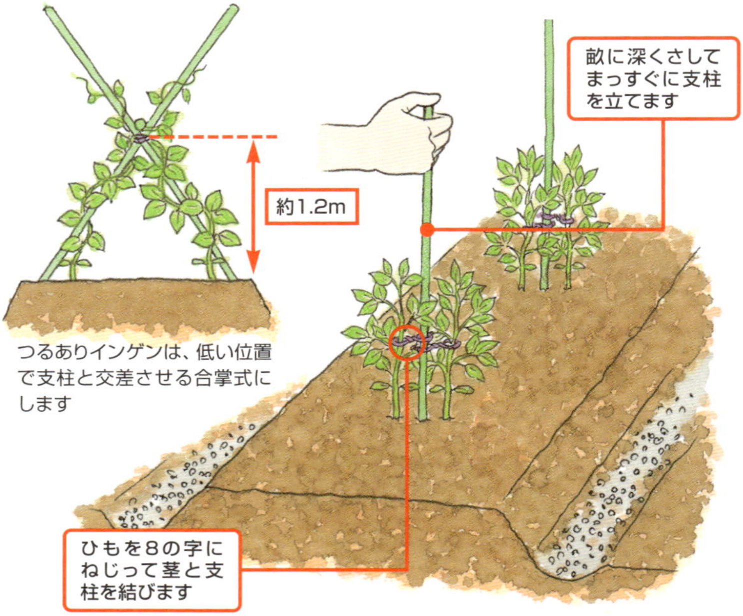
約1.2m
畝に深くさしてまっすぐに支柱を立てます
ひもを8の字にねじって茎と支柱を結びます

つるありインゲンは、低い位置で支柱と交差させる合掌式にします

手順 5 追肥

草丈20～30cmで最初の追肥

草丈が20～30cmの頃に1回目の追肥を行います。株元に化成肥料30g/m^{2}を施し、軽く土寄せをします。

2回目の追肥は収穫盛期に行います。同量の化成肥料を株の周りに施し、株元に土寄せします。窒素肥料が多すぎると、実がつかないことがあるので、株の生育を見ながら追肥しましょう。

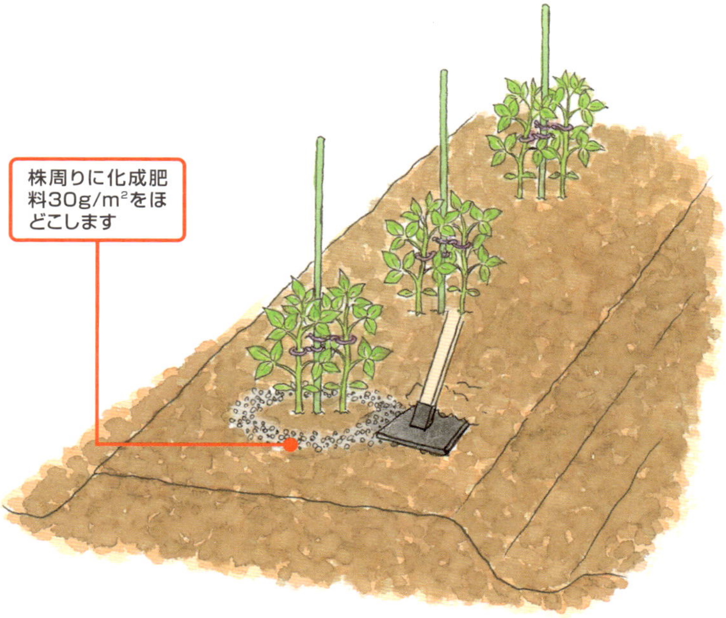
株周りに化成肥料30g/m^{2}をほどこします

手順 6 収穫（60日後）

ふくらみかけた若い実を収穫

つるなし種では、開花後10～15日程度で収穫できます。若いうちのほうが軟らかくておいしいので、さやがあまりふくらまないうちに収穫します。

つるあり種は、多少大きくふくらんでからでも収穫できます。

❶ つるなし種はふくらみはじめた頃が収穫期です

❷ つるあり種は少し大きくなったら収穫

インゲンの病害虫対策

病害虫の心配が少ない野菜ですが、害虫がつくことがありますので、アブラムシにはマラソン乳剤1,000倍を散布し、ハダニにはケルセン乳剤1,500倍を散布します。

また、鳥に種を食べられることが多いので、本葉が展開するまではべたがけや鳥よけネットなどを張ってもよいでしょう。

★★★☆☆

マメ科

エダマメ

夏の味覚を家庭菜園で育てる

よくある失敗と対策

失敗	対策
中身が入っていない	開花時期にカメムシを防除
実のつきが悪い	窒素肥料を控える

- ▶オススメの品種／ビアフレンド、湯あがり娘など
- ▶連作障害／あり（2～3年はあける）
- ▶コンテナ栽培／できる（深さ30cm以上）

栽培カレンダー	3月	4月	5月	6月	7月	8月	9月	10月	11月	12月	1月	2月
作業手順		▲──	──▲		━━	━━						
病害虫			━━	━━	━━	━━ アブラムシ・ハダニ・カメムシ・マメシンクイガなど						

▲ 種まき　■ 収穫　■ 病気　■ 害虫

エダマメの特性と品種

好みの品種を育ててみたい

ビールのおつまみとして、また夏の味覚として人気のエダマメは、大豆の未熟種子を野菜として利用するものです。栄養価も高く、タンパク質やビタミン類（ビタミンA）を豊富に含みます。

収穫直後がもっともおいしく、とれたてゆでたてのエダマメを食べるのは菜園ライフの至福のときですので、ぜひ挑戦してみたい野菜です。

生育適温は20～30℃と高温を好み、昼夜の温度差があるほどおいしくなります。やせ地でも栽培できますが、乾燥が続くと空っぽのさやができます。また、収穫期が5日～1週間程度と短いので適期の収穫を心がけましょう。

おすすめの品種は、早生品種のビアフレンド、天ケ峰などです。最近は風味のよさから茶豆や黒豆が人気です。茶豆では夏の調べ、福成、湯あがり娘など、黒豆では怪豆黒頭巾、夏の装いなどがおすすめです。

左から黒豆、茶豆、エダマメの種

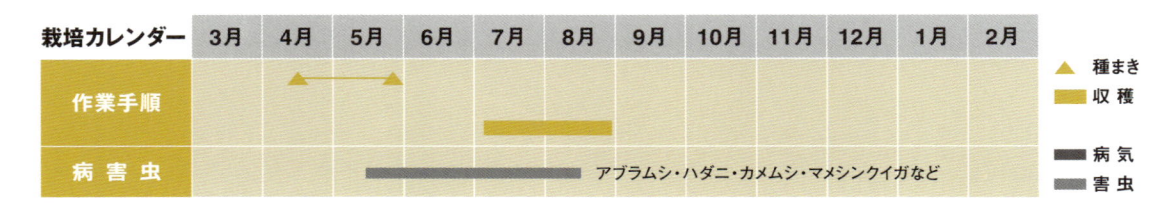

手順 1 畑づくり

4月中旬～5月に種まき

種まき2週間前に石灰100g/m^2を散布してよく耕します。

1週間前に畝幅60cmとして畝《うね》の中央に深さ15cmの溝を掘り、堆肥2kg/m^2、化成肥料50g/m^2を施し、土を埋め戻して高さ10cmの畝《うね》をつくります。

❶深さ15cmの溝を掘ります

❷溝に堆肥と化成肥料を施します

❸土を戻して畝をつくります

手順 2 種まき

株間20cmの3粒まき

害虫の被害を軽減するために4月中旬頃に種まきします。

畝に株間20cmでくぼみをつけ、1か所に3粒ずつ種をまきます。

種まき後はたっぷりと水をやります。以降、乾燥が続くようなら水をやりますが、水のやりすぎには注意します。

ポットまきの場合は4月上旬頃に種まきし、本葉が2枚になった頃に植えつけます。

❶1か所に3粒種をまきます

❷畝の軟らかい土をかぶせて手で軽くおさえます

手順 3 べたがけ

❶マルチと同じ要領でべたがけをします

べたがけして鳥よけ

発芽直後の双葉は鳥にとって格好のエサとなります。

そのままにしておくとすぐに食べられてしまうので、**発芽して本葉が開きはじめるまでは、寒冷紗をトンネルがけするか、べたがけ資材をかけておきましょう。**

成功するコツ

❷寒冷紗はトンネルがけします

手順 4 間引き・土寄せ

本葉が開いたら間引き

発芽して本葉が開きはじめたらべたがけ（寒冷紗）を外し、間引きを行います。

育ちのよい苗を残して1本間引き、2本立ちにします。間引き後は双葉の位置ぐらいまで指で軽く土を寄せます。

❶育ちのよい苗を残して1本間引きます

❷株元に土を寄せます

手順 5 追肥・土寄せ

❶株元に化成肥料を施します

❷株元に土を寄せます

開花したら追肥

開花しはじめたら追肥をします。化成肥料20g/m²を株元に施して土寄せをします。

窒素分が多いと、葉ばかり茂って実入りが悪くなりますので、肥料の施しすぎには注意します。また、窒素分の少ない肥料を使ってもよいでしょう。

手順 6 収穫 （80〜85日後）

さやがふくらんできたら実づき間近です。よく観察して適期を逃さないようにしましょう

適期の収穫を心がける

さやがふくらんで実が充実したときが収穫適期です。株ごと引き抜くか、必要なだけ実を摘んで収穫します。

収穫期間は比較的短く、遅れると風味が失われますので、なるべく早めに収穫しましょう。

エダマメの病害虫対策

実が大きくなるにしたがって害虫被害が多くなります。特に開花直後にカメムシ（写真）やマメシンクイガの被害を受けるとさやが大きくなっても豆が太りません。

こまめにチェックして見つけ次第捕殺するか、MEP乳剤1,000倍を散布して防除します。

★★★☆☆

ソラマメ

マメ科

甘みの強い 大きなマメは格別

写真／(株)サカタのタネ

よくある失敗と対策

- 発芽しない ☞ ポットまきで育苗する
- 枝が込み合う ☞ 6〜7本に整枝する

▶オススメの品種／河内一寸、打越一寸など
▶連作障害／あり(4〜5年はあける)
▶コンテナ栽培／できる(深さ30cm以上)

ソラマメの特性と品種

幼苗は寒さに強いが着果すると寒さに弱い

収穫したてを塩ゆでにしたソラマメは、ホクホクした食感と何ともいえぬ甘みが醍醐味です。食味もさることながら花が美しく、コンテナ栽培して観賞する人も増えています。

生育適温は16〜20℃と冷涼な気候を好みます。幼苗の頃は低温に強いのですが、実がつきはじめると寒さに弱く、さやが落ちたり発育障害を起こします。

そのため、種まきの適期は10月中旬〜11月中旬頃で、ポットまきで苗を育てて植えつけ、翌年の5〜6月頃に収穫します。また、マメ科の野菜ですから連作を嫌い、4〜5年は作づけしてない畑を選ぶことが大切です。

栽培にはそれほど手がかかりませんが、ウイルス病にかかりやすいため、病気を媒介するアブラムシの駆除をしっかりと行うのがポイントです。

品種は晩生と早生があり、家庭菜園でオススメなのは晩生種で大粒の河内一寸、打越一寸、仁徳一寸などです

晩生種の河内一寸
(写真／カネコ種苗)

手順 1 畑づくり

連作を避けて畑づくり

連作と酸性の土壌を嫌うので、4～5年あけた畑を選び、石灰で土壌の調整をします。

畝幅60～70cmとして、種まきの1～2週間前に石灰150g/m²を散布してよく耕します。次に堆肥2kg/m²、化成肥料50g/m²を施し、ていねいに耕します。

❶ 畑全面に石灰を散布します

❷ 堆肥と化成肥料を散布してよく耕します

手順 2 種まき

種の向きに注意して植えつけ

じかまきする方法とポットまきする方法とがありますが、**確実に発芽させるために、家庭菜園ではポットまきにします。**

9cm径のポットに2粒ずつ種をまきます。ソラマメは種の向きに注意します。お歯黒を下にして植えつけないとうまく発芽しません。

発芽したら育ちのよい苗を残して1本に間引きます。本葉3～4枚の頃に株間30cmで植えつけます。

じかまきの場合は株間30～40cmで、1か所に2粒ずつの点まきにします。

成功するコツ

❶ お歯黒を下に向けて植えつけます

❷ 種の向きを間違えると右の種のように芽が横に伸びてしまいます

手順 3 植えつけ・防寒

本葉3〜4枚で植えつけ

本葉3〜4枚になったら、幅60〜70cm、高さ10cmの畝《うね》をつくり、株間30cmで苗を植えます。

植えつけ後はたっぷりと水をやり、以降、土が乾いてきたら水をやります。

12月下旬から2月にかけて、霜や北風から株を守るために畝の北側にササ竹を立てます。また、株元に敷きワラしてもよいでしょう。

2月頃になり、ササ竹が枯れたら取り外します。

❶株間30cmで植え穴を掘り、水をたっぷりと注ぎます

❷水が引いたら苗を浅めに植えつけます

❸12月頃にササ竹を立てます

手順 4 整枝・追肥

草丈40〜50cmで整枝

草丈が40〜50cmになったら、育ちのよい芽を残し、**1株あたり6〜7本に枝を整理します。**

2〜3月頃に化成肥料40〜50g/m²程度を株の周りに追肥します。

追肥後は、株が安定して根がしっかりと張るように、枝分かれしている株の根元が隠れるくらいの土入れを行います。

❶育ちのよい芽6〜7本を残して株元から切り取ります

成功するコツ

❷混んでいた株がすっきりします

❸追肥後に株の中心に土を入れます

手順 5 支柱立て・摘心

支柱を立てて誘引する

草丈がある程度大きくなってきたら、畝の周りに支柱を立てます。20cm間隔ぐらいで何段かひもを張り、生育に合わせて株が倒れないようにします。

また、実を大きくするために、草丈が60～70cmぐらいに育った頃に摘心します。

❶畝の周囲に支柱を立てます

❷ひもを張り、枝をひもで結んで誘引します。草丈に合わせて徐々に上のほうに誘引していきます

手順 6 収穫（200～210日後）

さやが垂れてきたら収穫

さやがふくらみ、下に垂れてきたら収穫適期です。

鮮度が落ちやすいのでとり遅れに注意して、適期の収穫を心がけましょう。

ソラマメの病害虫対策

ソラマメはアブラムシが媒介するウイルス病に注意が必要です。

秋からつきはじめますが、気温が高くなりだす3月以降、株が大きくなってくるとアブラムシがたくさん発生します。こまめにチェックして見つけ次第捕殺し、マラソン乳剤1,000倍を散布して防除します。

また、連作障害により立ち枯れ病にかかるので、株ごと引き抜いて処分します。

★★☆☆☆

ラッカセイ マメ科

土の中でさやをつける栽培のおもしろさが魅力

よくある失敗と対策

失敗		対策
土の中に実が残る	☞	適期に収穫する
実が入っていない	☞	窒素肥料を控える

▶オススメの品種／ナカテユタカなど
▶連作障害／あり（2〜3年はあける）
▶コンテナ栽培／できない

栽培カレンダー	3月	4月	5月	6月	7月	8月	9月	10月	11月	12月	1月	2月
作業手順			▲―	―▲				■■■	■			
病害虫						━━━	━━━	━━━	コガネムシ・カメムシ・アブラムシ			

▲ 種まき
■ 収穫
病気
害虫

ラッカセイの特性と品種

連作を避け窒素肥料は少なめで栽培する

豆類の仲間の中でもっとも変わった実のできかたをするのがラッカセイ（落花生）です。地上にさやをつける一般的な豆類と違い、開花後に花のつけ根（子房柄）が土の中にもぐり、実が土の中にできるという性質があります。

収穫のときに見えないラッカセイを引き抜くドキドキ感はたまりません。とれたてのラッカセイは、塩ゆで、炒ってナンキンマメにするなど、ビールのおつまみにぴったりです。

生育は日当たりがよく高温の条件を好み、気温の低い寒冷地などでは栽培が難しくなります。栽培のポイントは、**マメ科植物なので窒素肥料は少なめに施す**、連作を避け2〜3年あけた畑を選ぶ、石灰で土壌の調整をするなどの点です。一度種をまいてしまえばあまり手がかからないので、家庭菜園初心者でも栽培することができます。

草姿により這い性、半立性、立性があり、熟期によって早生〜晩生などの品種があります。また、豆の大きさによって大、中、小粒種に分けられます。家庭菜園でおすすめの品種は、生育がよく収穫量も多い品種で、ナカテユタカや千葉半立などです。

手順1 畑づくり・種まき

5月中旬～6月中旬に種まき

種まきの2週間前に石灰100g/m^2を、1週間前に堆肥2kg/m^2、化成肥料50g/m^2を散布して耕し、幅80cmの畝《うね》をつくります。また、黒マルチをすると生育が早まり、雑草も防除できるのでおすすめです。

株間30cm、条間40cmとして1か所に2～3粒の2条まきにします。種まき後はたっぷりと水をやります。

❶株間30cm、条間40cmで2～3粒まきます

手順2 間引き・追肥・土寄せ

本葉が出たら1本立ちにする

発芽後、本葉が出たら1本に間引きます。本葉5～6枚の頃に化成肥料30g/m^2を散布して土寄せします。土が硬いと子房柄が土の中に入りにくいので、開花したら土の表面を中耕し土寄せします。また、夏場は乾燥が続いたら水をやります。子房柄が土の中に多くもぐるようになったら再度土寄せします。

❷本葉が出たら育ちのよい苗を残して1本間引きます

手順3 収穫（150～160日後）

成功するコツ

茎葉が黄ばんできたら収穫

10月に入り**茎葉が黄ばんできたら収穫します。**株ごと掘り起こします。

保存する場合は、収穫後ラッカセイを上（逆さま）にして広げ、乾燥させます。その後さやをとり、袋などに入れて保存します。乾燥が不十分だとカビが生えてくるので注意しましょう。

❶茎を持って引き抜いて収穫します

❷保存の場合は畑に広げて数日乾燥させます

ラッカセイの病害虫対策

病害虫は少ないのですが、実がつきだした頃から害虫がつくことがあります。

特にコガネムシは、せっかく実づいた土中のさやを食べてしまうので注意します。

また、アブラムシやカメムシなどもつきますので、捕殺して駆除するか、薬剤を散布しましょう。

スプラウト栽培 ①

カイワレダイコン

ダイコンの辛みと香りが 手軽に味わえるスプラウト野菜

【準備するもの】

①種 ②スポンジ ③容器 ④霧吹き

1日目 種まき

種をよく水洗いしてゴミを取り除き、一晩水に浸します。口の広い容器の底にスポンジ（ティッシュやペーパータオルでもOK）を敷き、水をきった種を入れて光が当たらないように覆いをかけます。陶器製の器なら、アルミホイルをかぶせておけばよいでしょう。

❶種を水に浸します

❷ふたつきの容器などに入れ、4日目までは完全に遮光します

ちょっと変わった栽培方法

スプラウト栽培

最近よく目にするようになった「スプラウト（Sprout）」は、日本語でいうと「芽もの野菜」です。種まきから約1週間程度で栽培できるので手軽です。また、ガラスの器でオシャレに育ててもよし、和風の器で育てれば、盆栽風に仕上げることもできます。「育てる・眺める・食べる」と一度で3つの楽しみがあるスプラウト栽培に挑戦しましょう。

2～4日目 水やり

1日に1～2回、換気をかねて水やりをします。以降、水やりは霧吹きで種が湿る程度にします。

3日目、発芽したカイワレ

5日目 光に当てる

約5～7日で草丈が4～5cmに伸びてくるので、光に当てて緑化させます。

5日目のカイワレ。この頃から光に当てます

7日目 収穫

種まき後約7～10日くらいで収穫です。はさみなどで茎(胚軸)を切って収穫します。

7日目のカイワレ

●スプラウトの種類

スプラウト野菜には、カイワレダイコンのほかに芽ソバ、芽ネギ、アルファルファ、ブロッコリー、紫キャベツ、マスタード、ランドクレスなどさまざまな種類があります。特にブロッコリーは、その栄養価値から近年大人気です。スプラウトはサラダやサンドイッチにはさんで食べたり、スープやみそ汁に散らしたりとさまざまに利用できます。

①ガンの予防作用があるとされ、アメリカで人気のブロッコリー
②アントシアニンの紫色が美しく、栄養も豊富な紫キャベツ
③スパイシーな刺激が魅力的なマスタード

スプラウト栽培 ②

モヤシ

ビタミンC、ミネラルが豊富
ヘルシーな定番野菜

【準備するもの】

①種 ②広口の容器（コーヒーの空瓶、ティーサーバー、ボウル、ガラスのコップなど）③ガーゼ ④輪ゴム

モヤシの豆知識／モヤシはマメや穀類の種を暗いところで発芽させて伸長させた、いわば「生命の芽生え」を食べる野菜です。硬いマメを上手に食べるように工夫した野菜で、栄養的にもビタミンやミネラルに富む健康食品です。何といっても種まきから収穫まで7～10日と短期間ででき、コップやお皿など、畑がなくても栽培できるのが最大の魅力です。また、温度さえあれば一年中つくれるので、冬に青物のなくなる雪国などでは古くから利用されてきました。

1日目 種まき

種を水洗いしてくずマメやゴミを取り除きます。種が大きい種類は水を流しながら洗い、種が小さい種類はガーゼで種を包んで洗いましょう。

容器に種の4～5倍の水を入れ、完全に遮光して一晩水に浸して吸水させます。ただし、ダイズの場合は6時間以上水に浸すと発芽不良となるので、注意が必要です。

モヤシは、一昼夜水を吸わせただけで種が約2倍に膨らみ、収穫時には約10倍以上に育つので広口の容器を使いましょう。

❶種（写真はフィルムケース1杯分）を4～5倍の水に浸します

❷収穫まで完全に遮光します

2日目 水ですすぐ

種を一晩吸水させたらマメがふやけて大きくなります。容器の口をガーゼで覆って輪ゴムで止め、水を捨てます。新しい水を注いでよくすすぎ、再び水を捨てて水をしっかり切り、暗いところに置いて遮光します。以降、収穫まで1日に1～2回水でよくすすぎます。

❶2日目の種

❷ 1日目の種（右）と2日目の種（左）

3~6日目 発芽・成長

種まき後約3日で発芽してきます。発芽しはじめると容器の中が呼吸熱で温度が上がったり、酸素不足になってしまうことがあります。そこで、モヤシに水を注ぎ吸水させた後はよく水をきることが大切です。容器の底に水が残っていると腐敗の原因となり悪臭が発生しますので注意します。

❶3日目

❷4日目

❸5日目

7日目 収穫

種まき後約7～10日でモヤシのできあがりです。たっぷりと水が入った容器に入れてゆっくりとモヤシをゆらしながら種皮をはがします。また、根は食べたときに繊維質が残るので、調理する前に必ず取りましょう。

胚軸が伸びたら収穫します

バリエーションがこんなに豊富 いろいろなマメを楽しむモヤシ

モヤシの原料としてよく栽培されているのは、リョクトウ、ブラックマッペ、ダイズ、アズキ、エンドウ、ササゲ、ソラマメ、インゲン、ゴマ、レンズマメ、トウモロコシ、トウガラシ、クローバーなどです。これらのほとんどは光に当てないで育て、真っ白なモヤシを利用します。マメ科でも発芽時に子葉が地上部に出る種類（ダイズ、リョクトウ、ササゲなど）と子葉が地下部に留まる種類（アズキ、エンドウなど）があります。地下子葉型の種類は伸びが悪いので、収穫の適期を逸さないようにします。

①つくりやすく風味がよいササゲ　②炒めたりゆでて利用するとおいしいレンズマメ　③2～3cmが食べ頃でおいしいエンドウ

★★★☆☆

セリ科

ニンジン

発芽までをていねいに 菜園中級者向きの野菜

よくある失敗と対策

- 芽が出ない ☞ 覆土を薄くする
- 芽が出ない ☞ 水やりをしっかりと行う

▶オススメの品種／向陽2号、ベビーキャロットなど
▶連作障害／なし
▶コンテナ栽培／できる（深さ20cm以上）

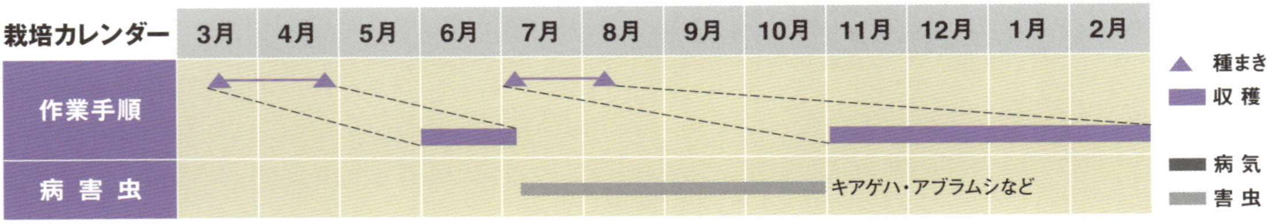

ニンジンの特徴と品種

春まきか夏まき栽培が最適

ニンジンは15〜20℃と冷涼な気候を好みます。小さいうちは暑さや寒さに強いのですが、生長とともに夏の暑さで病害が発生しやすくなります。

そのため、春まきで3月中旬〜4月、夏まきで7月上旬〜8月上旬までに種まきするとよいでしょう。

また、ニンジンのような直根類は、堆肥のかたまりや石などで根がふた又になる「又根《またね》」になりますので、堆肥を早めに施して深く耕すことがポイントです。

主な品種は、根の短い西洋種と、根の長い東洋種になりますが、西洋種のほうが栽培しやすいのでおすすめです。

ニンジンの一般的な栽培期間は100〜120日と長めですが、ミニニンジンであれば70日くらいで収穫できます。

主な品種と根の長さ

西洋種（短根種）	向陽2号（15〜18cm）、平安三寸（10〜12cm）
東洋種（長根種）	金時（30cm）、国分鮮紅大長（60cm）
ミニニンジン	ベビーキャロット（10〜12cm）、ピッコロ（10〜12cm）

手順1 畑づくり・種まき

深くよく耕してまた割れを防ぐ

種まき2週間前に石灰150g/m^2を散布して耕します。1週間前までに堆肥2kg/m^2、化成肥料100g/m^2を施して深くよく耕し、幅60cmの畝《うね》をつくります。

種まき前に水をやり、条間20～30cmの2条まきとし、**覆土は薄くします。発芽までは土を乾燥させないように、発芽後は土の表面が乾いたら水やりします。**

❶条間20～30cmで畝に2列の溝をつけ、種をまきます

成功するコツ

❷指でつまむように薄く土をかぶせ、手で軽くおさえます

手順2 間引き・追肥・土寄せ

2回目の間引きから追肥する

発芽後、本葉1枚で3cm、本葉2～3枚で5～6cm、本葉6～7枚で10～12cmの株間に間引きます。間引きはニンジンを大きくするので、遅れないようにします。

2回目の間引き以降、化成肥料30g/m^2を株元に追肥して軽く土寄せを行います。また、こまめに除草をすることもポイントです。

❶2回目の間引き以降、追肥、土寄せをします

❷最終的に10～12cm間隔にして、根を大きくします

手順3 収穫（110～120日後）

根の太さが4cmになったら収穫

地際の根の太さが4cm程度になったら収穫をはじめます。株の根元を持ってまっすぐに引き抜きます。

また、ミニニンジンは、親指ぐらいの太さになったら収穫できます。

❶株元を持って引き抜きます

❷ミニニンジンは親指大の太さで収穫

ニンジンの病害虫対策

ニンジンは、病害よりも害虫の被害が多い野菜です。

アブラムシやヨトウムシのほか、キアゲハの幼虫がつくことが多いので、間引きの頃から注意して観察します。

見つけたらすぐに取り除くか、DDVP乳剤1,000倍を散布して、しっかりと防除するとよいでしょう。

★☆☆☆☆

ジャガイモ　ナス科

育てやすくたくさん収穫 家庭菜園の入門野菜

よくある失敗と対策

- イモが大きくならない ☞ 芽かきをする
- イモが緑色になる ☞ しっかりと土寄せする

▶オススメの品種／ダンシャク、キタアカリなど
▶連作障害／あり（3〜4年はあける）
▶コンテナ栽培／できる（深さ30cm以上）

栽培カレンダー	3月	4月	5月	6月	7月	8月	9月	10月	11月	12月	1月	2月
作業手順	● 植えつけ			収穫	収穫							● 植えつけ
病害虫			害虫	害虫	害虫	アブラムシ・テントウムシダマシなど						

● 植えつけ　■ 収穫　■ 病気　■ 害虫

ジャガイモの特性と品種

土質を選ばない家庭菜園向きのジャガイモ

ジャガイモは、南アメリカ・アンデス地方が原産で、栽培適温が15〜20℃と冷涼な気候を好み、昼夜の温度差があるとよく育ちます。

栽培してから約3か月程度で、種イモの15倍もの収穫ができる繁殖力の強さや、ビタミンCなども豊富に含まれているため、世界的に広く栽培されています。

栽培は、2月下旬〜3月中旬頃に植えつける春植えか、8月頃に植えつける秋植えになります。しかし、秋植えは暑さのために種イモが腐ってしまうことも多いので、病害の少ない春植えがおすすめです。

植えつけ後約90日程度で収穫でき、土壌も選ばず栽培しやすいため、家庭菜園にぴったりです。

主な品種は、おなじみのダンシャク、メークイーンのほか、ビタミンCの豊富なキタアカリや、二期作用のデジマなどです。

また、皮が赤いアンデス赤などもあります。

ダンシャク（左）とメークイーン（右）

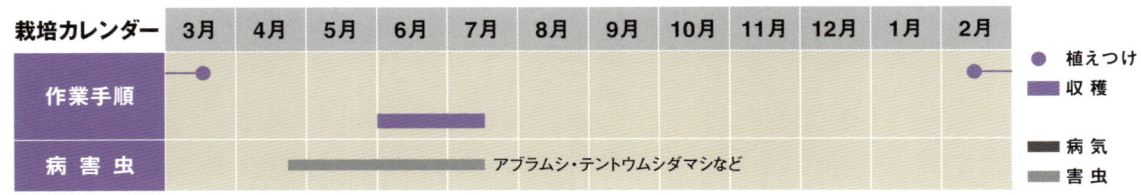

手順1 種イモの準備

無病のイモを購入

2月下旬〜3月中旬頃が植えつけ適期です。種イモは種苗店などで必ず無病のイモを購入することがポイントです。

種イモを、1片が30〜40g程度になるように切ります。その際、それぞれ2〜4個程度の芽を残して切るようにします。

切った種イモは、切り口を1週間ほど乾かしてから植えつけましょう。

❶芽を切らないように包丁を入れます

❷1片に2〜4個の芽が残るようにします

手順2 畑づくり

植えつけの1〜2週間前に畑作り

植えつけの1〜2週間前に、畑全体に石灰50〜100g/m^2を散布し、よく耕しておきます（ただし、畑のpH値を測れる場合、pH6.0以上の場合は石灰を散布する必要はありません）。

植えつけ直前に、幅60〜70cmの畝《うね》をつくり、真っすぐ植えつけるために畝の中央にひもを張ります。

❶畑全体に石灰を散布します

❷よく耕します

❸畝の中央にひもを張ります

手順 3 植えつけ

30cm間隔で植えつけ

植えつけは、畝《うね》の中央にくわで深さ15cmぐらいの溝を掘ります。溝の中に、30cmの間隔で、切り口を下にして種イモを置きます。

種イモと種イモの間に、元肥《もとごえ》（移植ゴテ1杯程度の堆肥とひと握りの化成肥料）を施します。

次に、土を戻して約7～8cm程度かぶせ、くわで軽くおさえます。

❶畝の中央に深さ15cmの溝を掘ります

❷切り口を下に向け、30cm間隔で種イモを並べます

❸種イモの間に堆肥と化成肥料を施して土をかぶせます

手順 4 芽かき

伸びた芽を1～2本にする

植えつけ後、1個の種イモから5～6本も芽が出てきます。すべての芽を伸ばしておくと、イモの数が多くてイモが大きく育たないので、10～15cm程度に伸びた芽をかき取ります。

生育のよいものを1～2本残して、ほかの芽はすべてかき取りましょう。

❶10～15cmに伸びたら芽かきをします

❷株元をおさえて、不要な芽をかき取ります

❸生育のよい芽を1～2本残します

手順 5 追肥・土寄せ

芽かき後に最初の追肥

芽かき後に、株間に化成肥料30g/m^2を追肥し、くわで土を軽く株もとに寄せます。

1回目の追肥から約2〜3週間後、同量の化成肥料を追肥して、株元にたっぷりと土を寄せます。土寄せが足りないと、イモが大きくならないので注意しましょう。

また、**イモが土から出てしまうと緑色になって品質が悪くなるので、しっかりと土寄せします。**

❶芽かきの後に、株間に化成肥料を追肥します

❷くわで株元に軽く土を寄せます

成功するコツ

❸2回目の追肥後は、たっぷりと土を寄せます

手順 6 収穫 (90日後)

晴れた日に収穫

6月上旬頃に、葉や茎が黄ばみだしたら収穫期です。

晴天が2〜3日続いたときに収穫するのが最適です。雨が続いているときに収穫すると腐りやすいので注意しましょう。

イモが土の中に隠れているので、収穫は大人も子供もドキドキものです。

❶株元の周りにスコップを入れます

❷スコップで掘り起こします

ジャガイモの病害虫対策

ジャガイモは、比較的病害虫の少ない野菜ですが、葉が茂ってくるとアブラムシやテントウムシダマシなどの害虫が発生します。

見つけ次第取り除き、薬剤を散布して防除に努めます。また、病気にかかっていない無菌の種イモを使わないと、植えつけても収量が少なくなるので注意しましょう。

★☆☆☆☆

サツマイモ　ヒルガオ科

栽培しやすく収穫量も多い根菜

よくある失敗と対策

- つるぼけになる ☞ 窒素肥料を控える
- イモが太らない ☞ 窒素肥料を控え カリ肥料を増やす

▶ オススメの品種／ベニアズマ、高系14号など
▶ 連作障害／なし
▶ コンテナ栽培／できる（大型で深めのコンテナ使用）

栽培カレンダー	3月	4月	5月	6月	7月	8月	9月	10月	11月	12月	1月	2月
作業手順			● 植えつけ	● 植えつけ				収穫	収穫			
病害虫					害虫	害虫	害虫 ヨトウムシ・コガネムシ					

● 植えつけ　■ 収穫　■ 病気　■ 害虫

サツマイモの特性と品種

やせ地でもよく育つサツマイモ

サツマイモは、やせた土地でもよく育ち、食用としてはもちろんのこと、デンプンやアルコールなどの原料としても利用される、世界の代表的なイモ類のひとつです。

加熱することで出る独特の甘みと、ほくほくした食感が人気です。栄養的にも、とりわけビタミンCと食物繊維が豊富な健康野菜として知られています。

いわゆる救荒作物《きゅうこうさくもつ》で、暑さや寒さ、乾燥に強く、肥料も少なくてよいうえに病害虫も少ないため、栽培しやすく家庭菜園初心者でも十分に育てることができます。

栽培時期は、5月中旬から6月中旬に植えつけ、10月から11月にかけて収穫します。また、窒素肥料が多すぎるとつるぼけになるので、肥料の施しすぎには注意が必要です。

おすすめ品種は、イモの太りが早く味もよいベニアズマをはじめ、高系14号、ベニコマチなどです。ほかには、橙色のベニハヤト、紫色のアヤムラサキなど、最近人気の品種もあります。

代表品種のベニアズマ

手順1 畑づくり

❶植えつけ2週間前に石灰を散布して耕します

肥料の効かせすぎに注意

植えつけ2週間前に石灰100g/m^2を散布してよく耕します。

1週間前に畝幅60～80cmとして、堆肥500g/m^2、化成肥料20g/m^2を施してよく耕し、高さ30cmの高畝《うね》をつくります。

また、**窒素肥料を効かせすぎるとつるぼけになるので、窒素の少ないサツマイモ専用の化成肥料を使うとよいでしょう。**

❷1週間前に堆肥と化成肥料を散布してよく耕します

❸高さ30cmの高い畝をつくります

手順2 植えつけ

❶畝に株間30cmで苗を並べます

株間30cmで植えつけ

苗は植えつけ予定日の前日に種苗店から購入します。

イモは節から出る根が肥大したものなので、株間30cmにして、3～4節以上を土中にさし込みます。植えつけ直後は倒れていますが、根が張るにつれて、しっかりと起き上がってきます。

植えつけ後、約1週間で発根してきますが、乾いた日が続いた場合は水をかけて活着を助けます。

❷苗の3～4節のところまで土に埋めます

❸根が張ってくると、元気に立ち上がってきます

手順 3 除草

栽培初期はこまめに除草

生育途中で雑草が生えてきますので、サツマイモのつるが畑一面を覆うようになるまでは、こまめに除草します。

その際に、多少つるが切れることがあっても大丈夫です。

❶つるが伸びてくるとともに、雑草が生えてきます。

❷雑草を抜いてきれいにします

手順 4 追肥

順調に育てば追肥は不要

葉の様子を見ながら追肥します。ほとんど追肥の必要はありませんが、葉色が淡いような場合には、化成肥料20g/m^2程度を畝に施して追肥します。

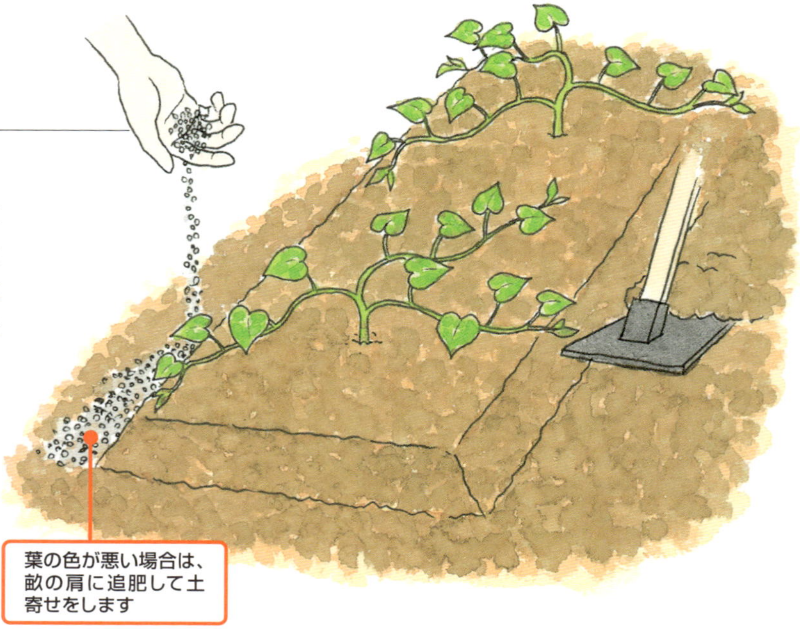
葉の色が悪い場合は、畝の肩に追肥して土寄せをします

手順 5 収穫（150日後）

10月から収穫

収穫は、10〜11月上旬の霜の降りないうちに行います。

畑に伸びたつるを刈り取ってから、スコップで土を掘り、つるの根元を持って引き抜きます。イモを傷つけないように、なるべく広めに土を掘るとよいでしょう。

掘ったサツマイモは泥を落とし、3〜4日ほど天日に当てると甘みが増しておいしくなります。

また、マルチを使うと、9月上旬〜中旬頃から収穫（早掘り）することができます。

❶収穫する株のつるを刈り取ります

❷イモの周囲からスコップで掘り起こします

❸つるをたどってイモを掘り起こします

手順 6 貯蔵

採れすぎたら畑に埋めて貯蔵

サツマイモは、収穫後に保存することができます。霜が降りない場所を選んで深めに穴を掘り、空気が通るようにわらなどで通気口をつくり、つるつきのイモをわらやもみがらで覆って埋めておきます。

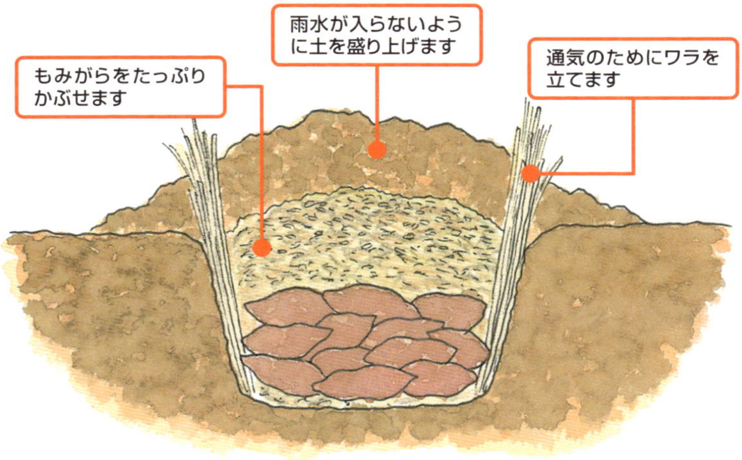

もみがらをたっぷりかぶせます
雨水が入らないように土を盛り上げます
通気のためにワラを立てます

サツマイモの病害虫対策

サツマイモは、病害虫の心配がほとんどない丈夫な野菜です。

害虫に葉を食べられることがありますが、葉に虫食いの跡があるぐらいなら、生育にそれほど問題はありません。

しかし、1枚の葉がほとんど食べられているような場合には、被害が大きくなる場合があります。注意して観察し、害虫を見つけたら、すぐに取り除いて防除することを心がけましょう。

★★☆☆☆

サトイモ

サトイモ科

一株からたくさん収穫できる菜園野菜

よくある失敗と対策

- 芽が出ない ☞ 芽を上に向けて浅植えする
- 小さなイモになる ☞ 土寄せをしっかりと行う

▶オススメの品種／石川早生、土垂など
▶連作障害／あり(3～4年はあける)
▶コンテナ栽培／できない

栽培カレンダー	3月	4月	5月	6月	7月	8月	9月	10月	11月	12月	1月	2月
作業手順		●植えつけ	●植えつけ					収穫	収穫			
病害虫				害虫（アブラムシ）	害虫（アブラムシ）	害虫（アブラムシ）	害虫（アブラムシ）	害虫（アブラムシ）				
病害虫							害虫（ハスモンヨトウ）	害虫（ハスモンヨトウ）	害虫（ハスモンヨトウ）			

● 植えつけ　■ 収穫　■ 病気　■ 害虫

サトイモの特性と品種

子イモ用品種が育てやすい

熱帯地方原産のサトイモは、山で収穫されるヤマイモに対して、里にあたる村などでつくられていたことからこの名前がついたといわれています。

生育適温が25～30℃と比較的高温の気候を好み、日当たりがよく雨の多い環境が適しています。霜や乾燥に弱く、雨が少ないとイモの太りが悪くなります。

連作障害が出やすいので、栽培には3～4年は植えつけていない場所を選びます。4～5月中旬に植えつけ、10月から11月に収穫します。また、黒マルチでマルチングして地温を上げると、除草の手間も省けて栽培しやすいでしょう。

品種は大きく分けると、子イモを食べるもの、親イモと子イモ両方を食べるものの2つがあります。

子イモを食べる品種には、石川早生、蓮葉イモ、土垂などがあります。親イモと子イモを食べるものは八つ頭、赤芽などがあります。品種を選ぶときは、栽培する土地で売っているものを選ぶのがポイントです。

また、八つ頭や赤芽などは、収穫後の葉柄をズイキとして利用できます。

手順 1 畑づくり・植えつけ

芽を上にして植えつける

植えつけ1週間前に石灰100g/m^2を散布してよく耕します。種イモは50g程度のものを選び、畝《うね》幅100cmとして中央に深さ15cmの溝を掘り、株間40cmで**芽を上にして植えつけます。**種イモの間に堆肥を移植ゴテ1杯、化成肥料30g/m^2を施し、**5〜6cmほど土をかぶせます。**

❶畝の中央に深さ15cmの溝を掘ります

❷芽を上にして種イモをおき、間に堆肥と化成肥料を施して土を戻します

成功するコツ

手順 2 追肥・土寄せ

成功するコツ

月に1度は追肥、土寄せする

萌芽したら、8月頃までは月に1回ずつ追肥・土寄せをします。追肥は、化成肥料30g/m^2を株間に施します。土寄せは、一度に多くするとイモの数が少なくなるので、1回目は5cm程度の高さに、2回目以降は10cm程度の高さに土寄せします。また、**子イモから芽が出てきたら、土寄せして埋めてしまいます。**

❶株間に追肥して土寄せします

❷2回目以降の追肥後は、高めに土寄せします

手順 3 収穫（180日後）

10〜11月に収穫

10月下旬から11月上旬が収穫適期です。遅くても降霜前に収穫します。種イモの貯蔵は、葉を切り、親イモから分けずに深さ50cm程度の穴を掘って逆さにして埋めておきます。

❶葉を切り、スコップで掘り起こします

❷土を落として、子イモを取り外します

サトイモの病害虫対策

サトイモには目立った病害虫はありません。ですが、暑い時期になるとアブラムシが多くつくので、マラソン乳剤1,000倍を散布して防除します。

また、散水時に葉の裏をシャワーするようによく洗い流すと、農薬を使わなくても、アブラムシの密度が減少して効果的です。

★★★★★

ラディッシュ

アブラナ科

短期間で収穫できる手軽につくれる野菜

よくある失敗と対策

失敗	対策
根が太らない	間引きをして間隔を広くする（4～5cm）
根がひび割れる	収穫を早くする

- オススメの品種／コメット、レッドチャイムなど
- 連作障害／なし
- コンテナ栽培／できる（深さ15cm以上）

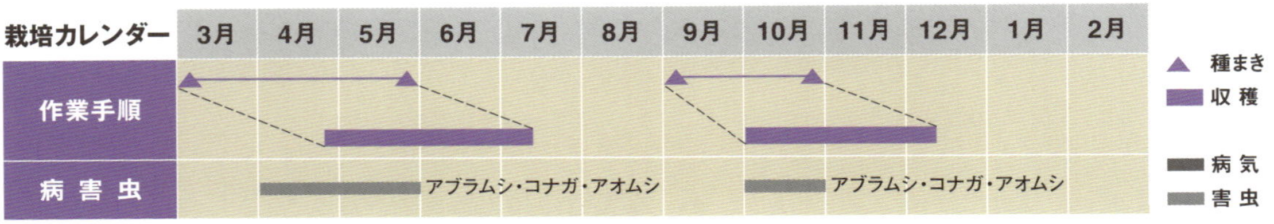

ラディッシュの特性と品種

好みの品種を何種類か育てる

ラディッシュは別名ハツカダイコン（二十日大根）と呼ばれ、種まきからおよそ30日前後という短期間で収穫できます。そのため、家庭菜園でもつくりやすく、真夏と厳寒期を除けばほぼ一年中栽培することができます。

また、丸い鮮やかな赤色の根部が美しく、収穫の喜びを倍増してくれます。

比較的冷涼な気候を好むので、春（3月中下旬～5月頃）と秋（9～10月頃）が種まきの適期となります。夏場は害虫が発生しやすく、冬は気温が低いため生育期間が2倍以上もかかるので、この時期の栽培には注意が必要です。

品種は根色が赤くて丸いコメット、レッドチャイムをはじめ、白くて長い形の雪小町、白くて丸い形のホワイトチェリッシュ、紅白紡錘形の紅白（上が赤，下が白）、さまざまな色が混合しているカラフルファイブなど、非常にたくさんの品種があります。

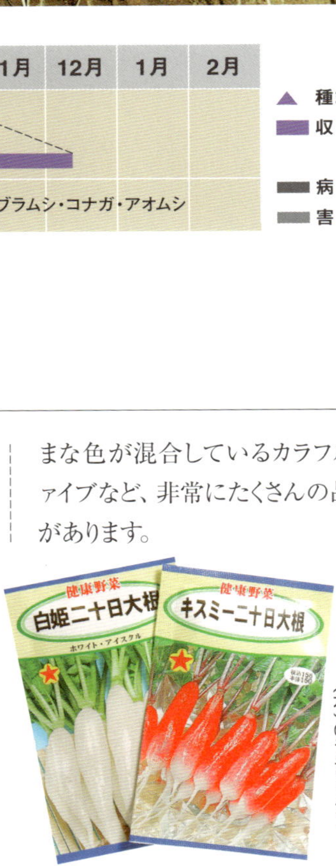

白長形（左）と赤長形（右）のラディッシュ

手順1 畑づくり・種まき

2列のすじまきにすると管理しやすい

種まき2週間前に苦土石灰100g/m^2を散布して耕し、1週間前に堆肥2kg/m^2、化成肥料100g/m^2を散布して土に混ぜ込みます。幅60cmの畝《うね》をつくり、15cm間隔で2本の溝をつけます。種をまき、指で土をかぶせて手で軽くおさえます。たっぷりの水をやり、以降土が乾いてきたら水を与えます。

❶畝に15cm間隔で2本溝をつけ、種をすじまきします

❷指でつまむように溝の両側から土をかぶせ、手で土を軽くおさえて水をやります

手順2 間引き・追肥・土寄せ

本葉2～3枚で株間4～5cmに間引き

種まき後、3～4日で発芽してきますので、双葉が展開したら混んでいるところを間引きます。

本葉が2～3枚になったら、**4～5cm間隔に間引き、化成肥料30g/m^2を追肥して株元に土を寄せ、根の肥大を助けます。**

❶発芽したら芽が混んでいるところを間引きます。なるべく育ちの悪い苗を間引きましょう

成功するコツ

❷株間4～5cmになるように苗を間引き、追肥して土を寄せます

手順3 収穫（30日後）

土から出たら収穫

本葉が5～6枚になり、根の直茎《ちょっけい》が2～3cmになり土から出て少し見えるようになったら、葉を持って引き抜いて収穫します。

すぐに大きく育つので、なるべく早めに収穫しましょう。

葉を持って引き抜いて収穫します

ラディッシュの病害虫対策

コナガがつきやすいのでBT剤を散布して駆除を徹底します。アブラムシにはオレート液剤が有効です。また、夏場は病気を起こしやすいので、風通しをよくして日よけをするとよいでしょう。

★★☆☆☆

カブ

アブラナ科

家庭菜園でつくりやすく人気の高いカブ

よくある 失敗 と 対策

大きく育たない ☞ 適期に間引きをする

根が裂けてしまう ☞ 適期に収穫をする

- オススメの品種／金町コカブ、たかねコカブなど
- 連作障害／あり（1～2年はあける）
- コンテナ栽培／できる（深さ30cm以上）

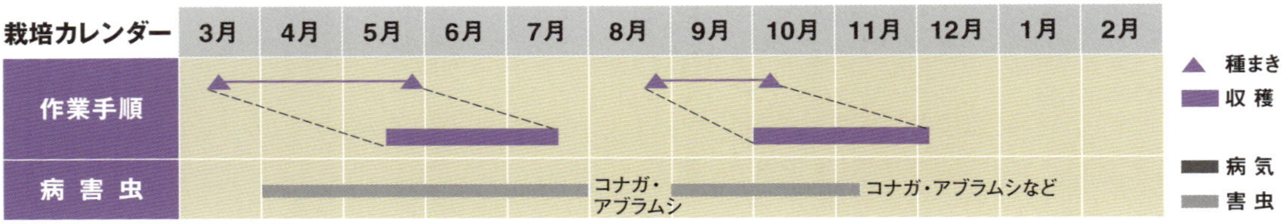

カブの特性と品種

春まきか秋まきがおすすめ

カブは日本で古くから栽培されている野菜で、形、色、大きさなど地方色豊かで、品種が多く菜園野菜でも人気があります。

カブには大、中、小の3種類がありますが、なかでも栽培期間が短く、育てやすいコカブがおすすめです。

生育適温は15～20℃と冷涼な気候を好むので、栽培は3月中旬～5月に種をまく春まきと、8月下旬～10月上旬頃に種をまく秋まきが作りやすく、種まきから収穫までの期間は、約45～50日です。

カブは、直根類といって主根が肥大する野菜なので、栽培はじかまきしかできません。移植すると又根になってしまうので注意してください。また、アブラナ科の野菜なので連作障害が出やすく、根に大小たくさんのコブができて、葉がしおれたり、生育不良になる根コブ病に注意が必要です。栽培にはアブラナ科野菜を1～2年はつくっていない畑を選ぶのはもちろんですが、CR鷹丸などの根コブ病に強い抵抗性品種を選ぶのもポイントです。

品種は、金町コカブ、たかねコカブ、しろかもめなどが栽培しやすくおすすめです。ほかには、大カブの聖護院カブや根の赤い品種などもあります。

手順1 畑づくり・種まき

成功するコツ

すじまきで育てる

種まきの2週間前に石灰100g/m^2を散布して耕し、1週間前に畝《うね》幅60cmとして、堆肥2kg/m^2、化成肥料100g/m^2を散布してよく耕し、幅60cm、高さ10cmの畝をつくります。畝に条間20cmで2列の溝をつけ、種をすじまきし、水をやります。以降、**土が乾かないように水やりします。**

❶1〜2cm間隔で種をまきます

❷土をかぶせて軽くおさえ、水をやります

手順2 間引き・追肥・土寄せ

早めに間引きをする

発芽後、本葉1〜2枚で株間2〜3cmに、本葉3〜4枚で5〜6cmに、本葉5〜6枚で10〜12cmに間引きます。

2回目以降、生育をみながら間引き後に化成肥料30g/m^2を追肥し土寄せをします。**間引きは、カブの根を大きくする重要な作業なので、適期を逃さず早めに行うことがポイントです。**

❶本葉1〜2枚で、株間2〜3cmに間引きます

成功するコツ

❷本葉5〜6枚で、株間10〜12cmに間引きます

手順3 収穫（45〜50日後）

小カブは5cm、大カブは10cmから収穫

収穫は、根茎が5〜6cmぐらい（コカブ）から収穫できます。大きくする場合は、10cm以上を目安に順次収穫します。収穫が遅れると、根が裂けてしまうので、適期の収穫を心がけましょう。

葉のつけ根を持って、まっすぐ引き抜きます

カブの病害虫対策

アブラムシやコナガが発生しますので、BT水和剤を散布します。無農薬で育てたい場合は、寒冷紗などで覆って害虫の侵入を防ぐとよいでしょう。

また、アブラナ科の連作による根コブ病が発生することがあります。心配な場合は、CR鷹丸などの抵抗性品種を選びましょう。

★★★☆☆

アブラナ科

ダイコン

品種も豊富で収穫が楽しみな野菜

よくある失敗と対策

失敗	対策
根が又割れする	畑を深くよく耕す
根の中に穴があく	適期に収穫する

- オススメの品種／YRくらま、おはるなど
- 連作障害／少ないが、1～2年はあける
- コンテナ栽培／できる（深さ40cm以上）

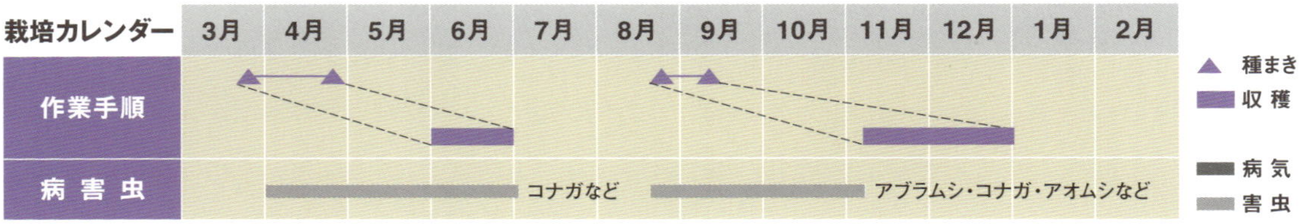

ダイコンの特性と品種

最初は秋まきで育てる

成功するコツ

ダイコンは地中海沿岸が原産の代表的な根菜で、日本が生産量・消費量ともに世界のトップであるほど親しまれています。

一般的に冷涼な気候を好み、暑さに弱いのですが、品種を選べば日本ではほぼ一年中栽培が可能です。ただし、ダイコンは直根《ちょっこん》類なので、種まきはじかまきのみです。もっとも育てやすいのは8月末～9月上旬に種をまき、秋～冬に収穫する秋まきです。地中深く伸びる**ダイコン栽培の成功のコツは、畑を深くよく耕すこと**です。

小さなハツカダイコンから大きな桜島ダイコンまで、品種も多様ですが、主な品種は青首ダイコンで、耐病総太り、YRくらま、献夏37号などです。春まき品種では、おはる、おしん、天宝などの品種が一般的です。ほかに、辛みダイコンの辛丸、緑や赤に着色する中国ダイコンもあります。

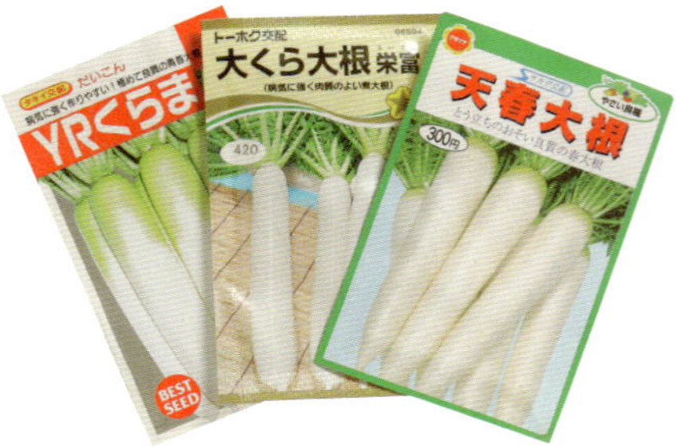

市販の種では青首品種や白首品種が人気です

手順 1 畑づくり

❶堆肥、化成肥料を散布します

堆肥は早めに施しておく

種まき2週間前に石灰100〜150g/m^2、1週間前に堆肥2kg/m^2、化成肥料100g/m^2を散布します。**石やゴミなどを取り除いて30〜40cmほどの深さによく耕し、軟らかい畑をつくります。**

植えつけ直前に、幅60cm、高さ10cmの畝《うね》をつくり、レーキなどで表面を整えます。

❷深くよく耕し石やゴミなどは取り除きます

手順 2 種まき

❶畝に株間30cmでくぼみをつけます

株間30cmの点まき

種は、畝に株間30cmでくぼみをつけ、1か所に4〜5粒の点まきとします。種まき後は、土をかぶせて軽くおさえ、種をまいた場所にもみがらをまきます。

種まき後は、たっぷりと水をやります。以降、発芽までは土が乾かないように水をやり、発芽してからは、土が乾いてきたら水やりをします。

❷1か所に4〜5粒の種をまきます

❸土ともみがらをかぶせて水をやります

手順 3 間引き・土寄せ（1回目）

本葉1～2枚で3本立ち

種まきから約7～8日、発芽して本葉が1～2枚になったら、最初の間引きを行います。

なるべく元気な苗を残して間引き、3本にします。

間引いた後は、指で軽く土を寄せます。

❶育ちの悪い苗を間引きます

❷間引き後に手で土を寄せます

❸葉が小さい、変色しているなど育ちの悪い苗を間引きましょう

手順 4 間引き・追肥・土寄せ（2回目）

本葉3～4枚で2本立ち

種まき後17～20日で、本葉が3～4枚になったら、2回目の間引きを行います。

1回目と同様に、元気な苗を2本残して1本間引きます。

2回目の間引き後に、化成肥料$30g/m^2$を株間に施し、株元にしっかりと土を寄せます。

❶育ちの悪い苗を間引いて2本立ちにします

❷株間に化成肥料$30g/m^2$を追肥します

❸くわで株元に土を寄せます

手順 5 間引き・追肥・土寄せ（3回目）

❶育ちの悪いほうの苗を間引きます

❷追肥後、株元にしっかり土を寄せます

❸間引いた苗は根も葉も食べられます

本葉6～7枚で1本立ち

本葉が6～7枚になったら、元気のよい株を1本残して間引きます。

間引き後は、化成肥料30g/m^2を株間に施します。根も育ってくるので、しっかりと土を寄せ、株を安定させます。

また、この頃になると間引いたものを間引き菜として食べられますので、捨てずに利用しましょう。

手順 6 収穫（55～60日後）

❶葉をそろえて葉のつけ根を持ちます

❷まっすぐ引き抜きます

6～7cmの太さになったら収穫

青首ダイコンなら、根の直径が6～7cmぐらいに育ったら収穫です。収穫までの目安は、早生種で種まきから55～60日、晩生種で90～100日くらいです。収穫が遅れるとすが入ってしまうので、適期の収穫を心がけます。

ダイコンの病害虫対策

ダイコンは、害虫被害の多い野菜です。

特に夏は根を食べるキスジノミハムシやアブラムシが発生しやすいので注意します。

アブラムシ、キスジノミハムシにはDDVP乳剤1,000倍を、アオムシ、コナガ、ヨトウムシにはBT剤を散布して防除します。

農薬を使用したくない場合は、寒冷紗によるトンネル栽培を行うとよいでしょう。

★★★☆☆

ミニゴボウ

キク科

短い品種の
サラダゴボウに挑戦

よくある失敗と対策

失敗		対策
発芽しない	☞	覆土を薄くする
根が又割れする	☞	畑をよく耕す

▶オススメの品種／サラダむすめなど
▶連作障害／あり（4～5年はあける）
▶コンテナ栽培／できる（深さ30cm以上）

栽培カレンダー	3月	4月	5月	6月	7月	8月	9月	10月	11月	12月	1月	2月
作業手順	春まき ▲			▲								
						秋まき	▲ ▲					
病害虫						特に心配ありません						

▲ 種まき
■ 収穫
■ 病気
■ 害虫

ゴボウの特性と品種

深耕と精耕が栽培のポイント

ゴボウは地中海沿岸や西アジアが原産といわれ、薬草として利用されていたものが、日本ではじめて作物として栽培されるようになりました。豊富な食物繊維と独特の香りがあり、煮物、炒め物、サラダなどさまざまに利用されています。

生育適温は20～25℃と温暖な気候を好みますが、30℃以上の暑さにも耐えられます。また、厳寒期でも葉や茎は枯れてしまいますが、根は枯れることはありません。

栽培時期は、一般的に3月下旬から6月上旬頃に種をまき、7月～冬にかけて収穫する春まきが主流です。秋まきの場合、9月中旬～下旬に種をまき、翌年の6月～7月頃に収穫します。

ゴボウは長いものだと、根が75cm以上にも生長するため、栽培の際は深耕《しんこう》（50cm以上深く耕す）と精耕《せいこう》（よく耕す）が、栽培のポイントとなります。

家庭菜園初心者におすすめの品種は、長さが30～50cmと短く、栽培期間も80日～100日でつくれるミニゴボウ品種のダイエット（生食もできる）やサラダむすめ（太くて短い）などです。

また、春と秋の両方まける渡辺早生や、細長い山田早生などの早生系もよくつくられています。

手順1 種まき

畝幅60cmのすじまき

種まき2週間前に**石灰150～200g/m²を散布して深く耕します。**1週間前にまき溝のとなりに溝を掘り、堆肥2kg/m²、化成肥料100g/m²を施して土を戻し、平畝をつくります。中央に溝をつけ1cm間隔で種をすじまきし、**薄く土をかぶせて**水やりします。以降、発芽まで乾かさないように水をやります。

❶約1cmの間隔で種がかさならないようにまきます

成功するコツ

❷土を薄くかぶせます

手順2 間引き・追肥・土寄せ

本葉2～3枚で株間10cmに間引き

発芽後、双葉が展開したら3～4cmに間引き、株元に軽く土寄せして、ぐらつかないようにします。本葉が2～3枚になったら、10cm間隔に間引き、化成肥料30g/m²を追肥して土寄せします。本葉8～9枚の頃に同様に追肥、土寄せを行い、生育を助けます。発芽以降は、土が乾いたら水やりします。

❶双葉が出たら株間3～4cmに間引きます

❷本葉2～3枚で株間10cmに間引き、追肥します

手順3 収穫（80～100日後）

若どりしてサラダゴボウを利用する

ミニゴボウ品種の場合、種まき後約80～100日程度で、太さ1.5～3cm、長さ30～50cm程度のゴボウが収穫できます。

根を傷つけないように根に沿って土を掘り、掘った穴に倒すように引き抜いて収穫します。

❶根に沿って土を掘ります

❷穴に倒すように引き抜きます

ミニゴボウの病害虫対策

ミニゴボウは病害虫の少ない野菜ですが、アブラムシ、ヨトウムシ、ネキリムシなどの害虫がつくことがあります。

特にアブラムシは病気を媒介する原因となるので、見つけ次第取り除き、オレート液剤を散布してしっかりと駆除します。

また、連作してしまうと、表皮がやけて黒ずみ、品質や収量が著しく低下してしまうので、栽培の際には注意しましょう。

★★★☆☆

タマネギ ユリ科

冬越しして長期間栽培

よくある失敗と対策

失敗		対策
収穫前にネギ坊主が出る	☞	太さが7～8mmの苗を選ぶ
苗が育たない	☞	タネバエを駆除する

- ▶オススメの品種／ソニック、OKなど
- ▶連作障害／あり（2～3年はあける）
- ▶コンテナ栽培／できる（深さ30cm以上）

栽培カレンダー	3月	4月	5月	6月	7月	8月	9月	10月	11月	12月	1月	2月
作業手順			収穫	収穫			▲▲ 種まき		●—● 植えつけ			
病害虫	ベト病・黒斑病	ベト病・黒斑病	ベト病・黒斑病、アブラムシ	ベト病・黒斑病、アブラムシ								

▲ 種まき　● 植えつけ　■ 収穫　■ 病気　■ 害虫

タマネギの特性と品種

作業の適期を守って栽培する

タマネギは中央アジアが原産といわれ、肥大して球形になったりん葉（葉が養分を蓄え多肉になり重なり合ったもの）を利用します。秋に種まきして翌年の初夏頃に収穫と、冬越しするので、栽培期間は長くかかりますが、見事に太った様は感動ものです。

タマネギ栽培成功のポイントは、植えつけ時の苗の大きさです。草丈20～25cm、太さ7～8mm程度のものを選んで植えます。太さが1～1.5cm以上の大苗を植えるととう立ちしやすく、逆に極端に細い苗を植えると凍害に負ける場合が多いので、植えつけ適期の苗を選びます。種まき時期、植えつけ時期を守り、大苗を植えつけないように気をつけましょう。

品種は色によって黄タマネギ、白タマネギ、紫タマネギに分かれますが、日本では黄タマネギが一般的です。おすすめの品種は、早生種ではソニック、中生種ではOK、湘南レッドなどです。

刺激が少なく甘みのある赤タマネギ

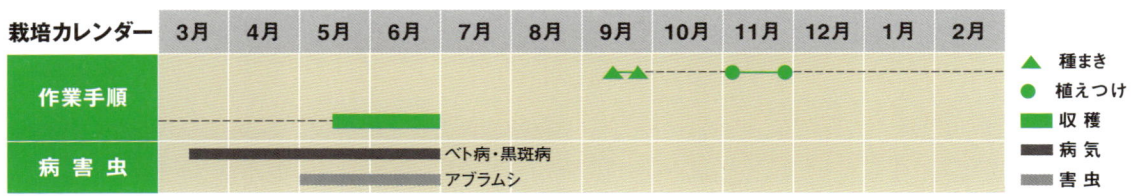

手順1 種まき

9月中旬～下旬に種まき

家庭菜園では市販の苗を植えつけたほうが簡単ですが、種から栽培もできます。種まき時期は早生種で9月中旬、中晩生種で9月下旬です。幅100cm、高さ10cmの畝に棒などで10cm間隔に深さ1cm程度の浅い溝をつけ、種をすじまきします。

種が隠れる程度に覆土し、たっぷりと水やりした後、わらを敷いたり、べたがけをして乾燥を防ぎます。発芽したら、わらやべたがけを外します。

❶畝に10cm間隔で溝をつけ、約1cm間隔で種をまきます

❷土を薄くかぶせます

❸くわなどで軽くおさえます

❹べたがけをして水をたっぷりやります

手順2 間引き・追肥・土寄せ

生育を見ながら2回の間引き

発芽後2回くらい、混み合っているところを間引きます。

間引き後は、化成肥料$30g/m^2$を株元に施し、軽く土寄せを行います。

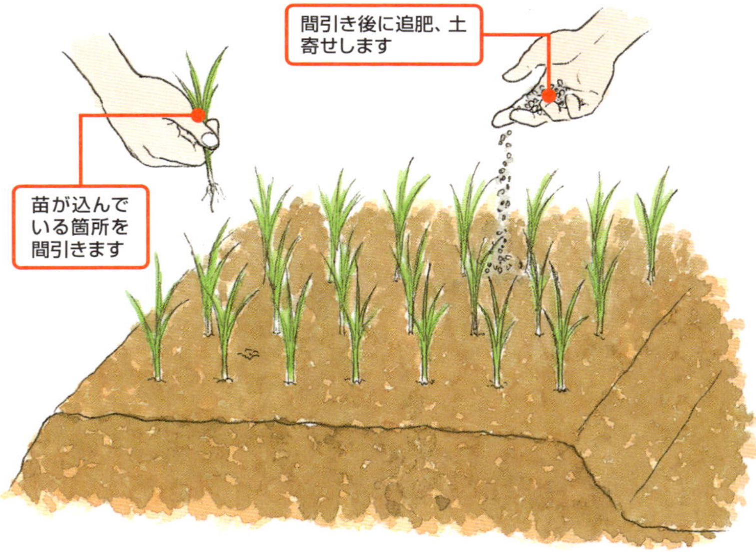
間引き後に追肥、土寄せします
苗が込んでいる箇所を間引きます

手順3 畑づくり

石灰をたっぷりと施す

植えつけの2週間前に石灰150g/m^2を畑全面に散布してよく耕します。1週間前に、堆肥2kg/m^2、化成肥料100g/m^2、ヨウリン50g/m^2を施して耕します。

種まき直前に幅60cm、高さ10cm程度の平畝《うね》をつくります。

❶堆肥、化成肥料、ヨウリンを散布します

❷よく耕して土に混ぜ込みます

❸高さ10cmの畝をつくります

手順4 植えつけ

成功するコツ

よい苗を選ぶのが成功のコツ

植えつけは、早生種で11月上～中旬、中晩生種で11月中～下旬に、**根元の太さが7～8mmのよい苗を選んで**行います。幅60cm、高さ10cmの畝の中央に、深さ15cm程度のV字の溝を掘ります。株間10cmで苗を立て掛けるように並べます。

苗が立て掛かっている反対側の土を根元に浅くかぶせます。くわなどで株元の土をしっかりおさえ、水をやります。

❶細すぎず太すぎないよい苗（中央）を選びます

❷株間10cmで立て掛けるように苗を並べます

❸くわで土をおさえます

手順 5 追肥・土寄せ

成功するコツ

2月と3月に追肥

追肥は2月上旬と3月下旬の2回行います。

株元に化成肥料30g/m^{2}を施し、軽く土寄せします。

化成肥料を散布して、くわなどで土寄せします

手順 6 収穫（8か月後）

葉が倒れたら収穫

収穫適期は、翌年の5〜6月頃、全体の7〜8割程度の株が倒伏した頃です。

天気のよい日を選び、適宜引き抜いて収穫します。

❶葉が枯れ、倒れた頃に収穫します

❷葉の根元を持って引き抜きます

タマネギの病害虫対策

無農薬栽培が可能な野菜ですが、春先〜初夏にかけて病害虫が発生することがあります。

主な病害は葉が溶けるベト病で、過湿に気をつけながら栽培し、発病したらダコニール水和剤などを散布します。

害虫は少ないタマネギですが、アブラムシやタネバエなどがつくことがありますので、被害が激しいときは、植え溝にオルトラン粒剤を施して防除しましょう。

★★★☆☆

ネギ ユリ科

土寄せのがんばりで収穫に差が出る

よくある失敗と対策

失敗		対策
曲がってしまう	☞	垂直に植えつける
葉鞘部が長くならない	☞	土寄せの時期と量を守る

- ▶オススメの品種／石倉、深谷など
- ▶連作障害／あり（1〜2年はあける）
- ▶コンテナ栽培／できない

栽培カレンダー	3月	4月	5月	6月	7月	8月	9月	10月	11月	12月	1月	2月
作業手順					●植えつけ					収穫	収穫	収穫
病害虫（病気）					黒斑病・ベト病	黒斑病・ベト病	黒斑病・ベト病	黒斑病・ベト病	黒斑病・ベト病	黒斑病・ベト病／赤サビ病		
病害虫（害虫）			アブラムシなど	アブラムシなど	アブラムシなど	アブラムシなど	アブラムシなど	アブラムシなど				

● 植えつけ　■ 収穫　■ 病気　■ 害虫

ネギの特性と品種

栽培期間の短い春まきで育てたい

ネギは緑色の葉身《ようしん》部と、白い葉鞘《ようしょう》部に分かれ、関東では主に葉鞘部を長く育てた根深ネギと呼ばれるものが多くつくられます。

逆に関西では、葉身部を主に利用する葉ネギが多くつくられていますが、地方によってさまざまな長さや形の特産品種があります。

生育特性としては、高温、低温のどちらにも強く、年間を通しての栽培が可能です。しかし、冬の低温期を過ぎると、寒さに感応してネギ坊主ができ、開花してしまうため品質が悪くなるので注意しましょう。

栽培時期は、3月下旬〜4月の上旬に種をまき、12月頃から翌年にかけて収穫する春まきと、9月中旬に種をまき、翌年の秋に収穫する秋まきになります。春まきのほうが生育期間が短いため、家庭菜園向きといえます。また、市販の苗を夏に植えつければ、冬から収穫できるのでおすすめです。

いずれにしても長期間の栽培となりますが、あまり手間はかからず、生育中にしっかりと除草をかねた土寄せをすることが、よいネギをつくるポイントです。

主な品種は、根深ネギの石倉、深谷のほか、太く短い形の下仁田などがあります。

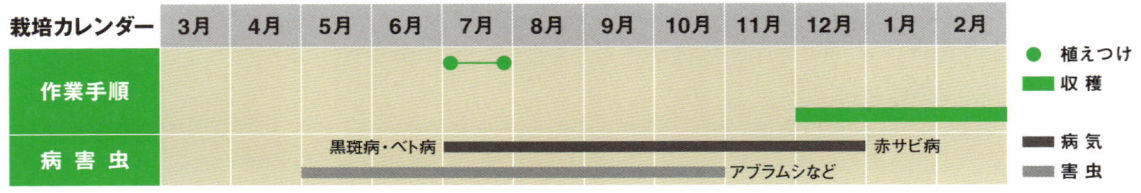

手順 1 畑づくり

深めの溝を掘る

植えつけ前に畑の草をきれいに取り除いて整地します。畝幅を90～100cmとして、深さ30cm、幅15cm程度の溝を掘ります。

2条植えにする場合は、溝と溝の間（畝《うね》間《ま》）を90～100cmぐらいあけます。

❶植えつけ場所をきれいに整えます

❷中央に深さ30cm、幅15cmの溝を掘ります

手順 2 植えつけ

わらをたっぷりと入れる

植えつけは7月頃に行います。50cm程度の苗を3～5cmの間隔で、**溝の壁に沿って垂直に立て、苗の根元が少し隠れるぐらい土をかけて植えつけます。**

植えつけ後は、溝のあいているところに、溝が埋まるぐらいたっぷりとわらを敷きます。

成功するコツ

❶3～5cmの間隔で苗を垂直に植えつけます

❷苗の根元を土で埋めて安定させます

❸溝にたっぷりとわらを敷きます

手順 3 追肥・土寄せ（1～2回目）

成功するコツ

植えつけ後約30日で追肥

植えつけ後、約30日程度で最初の追肥を行います。

化成肥料30g/m^2を溝の外側に施し、土と混ぜながら溝を埋めるように両側から土寄せします。

1回目の追肥後、約1か月後に2回目の追肥・土寄せを行います。葉鞘《ようしょう》部の白いところが見えなくなるぐらい土寄せします。

❶溝の外側に化成肥料を追肥します

❷くわで土と化成肥料を混ぜながら土を寄せます

❸葉鞘部が隠れるぐらい土を寄せます

手順 4 追肥・土寄せ（3回目）

1か月ごとに追肥

2回目の追肥から約1か月後に、3回目の追肥を行います。

同量の化成肥料を株の周りに施し、株元に土を寄せます。

この頃には葉鞘部がしっかり隠れるぐらいたっぷりと土を寄せて、葉鞘部を長く育てます。

❶株の周りに化成肥料30g/m^2を追肥します

❷くわで株元にたっぷりと土を寄せます

成功するコツ

❸株の左右からしっかりと土寄せして、葉鞘部を隠します

手順 5 追肥・土寄せ（4回目）

たっぷりと土寄せする

3回目の追肥からさらに1か月後、収穫の30～40日前に、最終の追肥、土寄せを行います。

同量の化成肥料を株の周りに施し、葉身《ようしん》部の分かれているところぐらいまで土を寄せて、たっぷりと土を盛ります。

成功するコツ

❶株周りに化成肥料30g/m²を施します

❷化成肥料と土を混ぜながら土を寄せます

❸葉身部の分かれているところが少し隠れるぐらい土を盛ります

手順 6 収穫（150日後）

最終追肥から30～40日後に収穫

4回目の追肥から約30～40日後が収穫適期です。

株のわきを深く掘り起こし、葉身部が完全に見えたら手で引き抜きます。

❶葉鞘部を切らないように、株のわきを深く掘ります

❷手で引き抜いて収穫します

ネギの病害虫対策

7～10月頃に黒斑《こくはん》病やベト病、10～12月頃に赤サビ病に注意します。ダコニール水和剤を散布して予防しましょう。葉に橙色の小斑紋や赤い粉状のものがついていたら、すぐに殺菌剤を散布します。

アブラムシやスリップスなどの害虫がつくこともありますので、早めに薬剤を散布して防除しましょう。

また、ネギは表面がろう物質に覆われていて薬剤がつきにくいため、展着剤を入れて散布します。

★☆☆☆☆

ワケギ ユリ科

ちょっとしたスペースで小規模栽培できるワケギ

よくある失敗と対策

- 芽が出ない ☞ 種球を浅く植える
- 芽が出ない ☞ 適期に植えつける

▶オススメの品種／特になし
▶連作障害／あり（1～2年はあける）
▶コンテナ栽培／できる（深さ15cm以上）

栽培カレンダー	3月	4月	5月	6月	7月	8月	9月	10月	11月	12月	1月	2月
作業手順					●	●	●					
								■	■	■	■	■
病害虫						━	━	ベト病				
							━	━	━ ハモグリバエ・スリップス			

● 植えつけ
■ 収穫
━ 病気
━ 害虫

ワケギの特性と品種

関東以西での栽培に向く

ネギ類は薬味として、また鍋物の定番野菜として人気があり、日本各地で栽培されています。

ワケギはネギよりも草丈が低く、分けつ（枝わかれしているところ）が多いのが特徴です。ネギには長ネギ（根深ネギ）とワケギ、葉ネギがあり、長ネギは土寄せによって葉鞘《ようしょう》部を白く長く育て（軟白栽培）ますが、ワケギや葉ネギは主に葉身《ようしん》部を利用します。

ワケギは、ネギよりも香りがおだやかで、葉もネギより細く根元から分け取るために、この名称がついたのだといわれています。

とう立ちや開花はしないため、種はなく球根で増えていきます。**植えつけの適期は、7月下旬～9月上旬で、初めての場合は種苗店などで種球を購入します。**長ネギに比べて暑さや寒さに弱いため、関東以北の寒冷地では栽培が難しいといえます。秋から春にかけて盛んに育ちます。5月頃に球根を掘り出して風通しのよい場所で夏まで保管します。7～8月頃に芽が伸びはじめるので、外側の枯れた皮を取り、球根を分けて植えつけます。

特別な品種はなく、秋～冬どりの早生種と、春どりの晩生種とに分けられ、主にワケギという名称で市販されています。

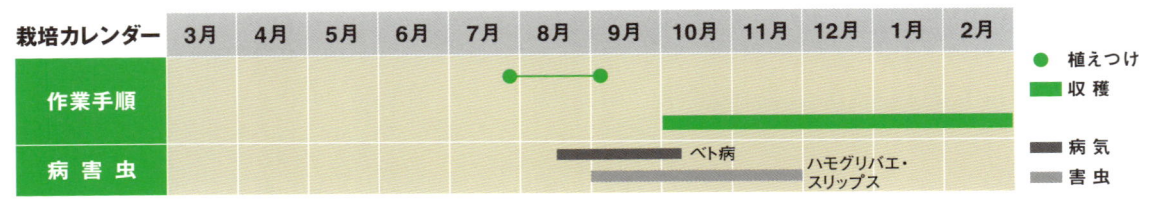

手順 1 畑づくり・植えつけ

7月下旬～9月上旬に植えつけ

植えつけ2週間前に、畝《うね》幅60cmとして石灰100g/m²を散布して耕し、堆肥2kg/m²、化成肥料100g/m²を施して土に混ぜ込み、畝をつくります。

表面を平らにした後、15～20cm間隔で2球ずつ植えつけ、**葉先が少し出るくらいに土をかぶせ**、たっぷりと水をやります。

❶株間15～20cmで畝に穴を掘り、種球を2粒植えます

成功するコツ

❷葉先が少し出るように植えつけます

手順 2 追肥・土寄せ

1か月に2回の追肥

植えつけ後約1か月、草丈が伸びてきたら、追肥をします。具体的には、株間に化成肥料30g/m²を施し、軽く土寄せします。

以降、追肥は1か月に2回（半月に1回程度）同量の化成肥料を追肥して、軽く土寄せします。

❶株間に化成肥料を追肥します

❷株元に軽く土を寄せます

手順 3 収穫・追肥（60日後）

収穫後に追肥して再び収穫

草丈が20～30cmに伸びたら、株元から3～4cmを残して切って収穫します。収穫後は化成肥料を軽く追肥し、水やりするか液肥を与えて新葉の出てくるのを助け、新芽が伸びたら再び収穫します。

株元を3～4cm残して収穫します

ワケギの病害虫対策

ワケギの代表的な病害はベト病で、15℃前後の気温で雨が多いと発生しやすくなります。防除するには、ジマンダイセン400～600倍を散布します。

また、害虫ではハモグリバエやスリップスがつきますので、ダイアジノン乳剤1,500倍を散布すると効果的です。

★☆☆☆☆

ニラ ユリ科

刈り取った後も すぐに再収穫できる

よくある失敗と対策

- 葉に元気がない ☞ 追肥をしっかりと行う
- 葉に元気がない ☞ とう立ちしたら摘み取る

- ▶オススメの品種／グリーンベルトなど
- ▶連作障害／あり（2〜3年はあける）
- ▶コンテナ栽培／できる（深さ15cm以上）

栽培カレンダー	3月	4月	5月	6月	7月	8月	9月	10月	11月	12月	1月	2月
作業手順（植えつけ）				●	●							
作業手順（収穫）		■	■	■			■	■				
病害虫		■	■	■	■	■	■	■	■ アブラムシ			

● 植えつけ　■ 収穫　■ 病気　■ 害虫

ニラの特性と品種
土壌を選ばない強健な野菜

ニラは冷涼な気候を好み、休眠して越冬するため非常に耐寒性があり、また、収穫してもすぐに再生してくるほど強健な野菜です。そのため、場所を選ばず、わずかなスペースでも十分に栽培することができるので、家庭菜園に向いています。

ニラは、緑色の葉の部分を利用する葉ニラが一般的ですが、光を当てずに軟化栽培をした高級野菜の黄ニラや、とう立ちさせて蕾《つぼみ》と茎を利用する花ニラなどがあります。

一度栽培すれば何度も収穫できますが、株が古くなると品質が落ちるので、3年ぐらいで掘り起こして株分けする必要があります。

主な品種は、葉幅の広い大葉ニラと、葉幅の細い在来ニラに大別されます。家庭菜園で育てやすい品種は、大葉種のグリーンベルト系品種が人気です。

ほかには、ワイドグリーン、たいりょう、広幅ニラなどがつくりやすい品種です。

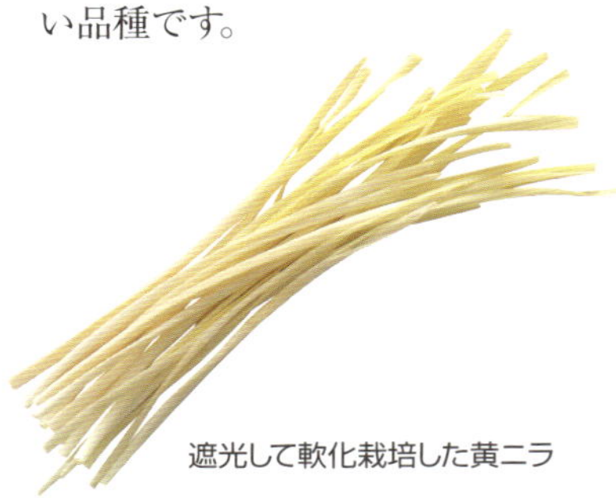

遮光して軟化栽培した黄ニラ

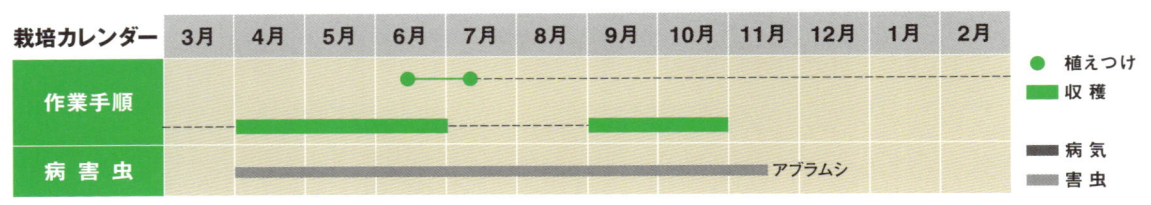

手順 1 植えつけ・追肥・土寄せ

6月中旬～7月上旬に植えつけ

植えつけ2週間前に、石灰100g/m^2を散布して耕します。1週間前に畝《うね》幅60cm、中央に深さ15cmの溝を掘り、堆肥2kg/m^2と化成肥料100g/m^2を施して土を戻します。株間20cmで苗を深めに植えつけ、水をやります。植えつけ後**本葉が10枚になった頃に1回目を、その20日後に2回目の追肥を行います。**化成肥料30g/m^2を株元に散布し、土寄せします。

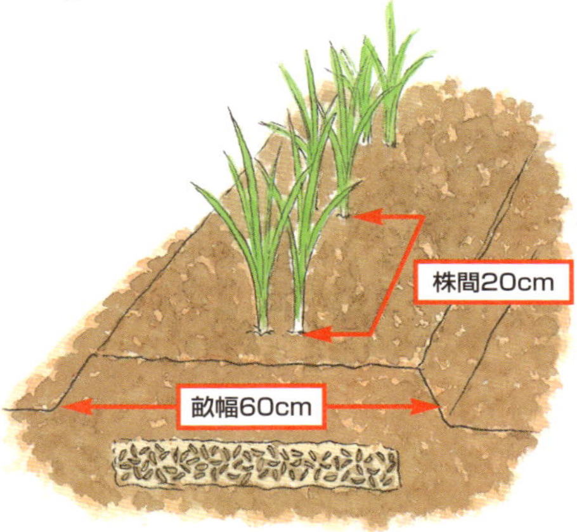

手順 2 収穫（9～10か月後）

翌年の4月以降から収穫

1年目は収穫せず株を育てます。霜が降りたら敷きわらなどをして越冬させます。

翌年の4月以降の株を収穫します。20cmぐらいになった新葉を、根元3cmを残して刈り取ります。

株元3cmぐらいを残して収穫します

手順 3 追肥・土寄せ

収穫した後に追肥

収穫した後も、化成肥料30g/m^2を株元に追肥し土寄せして、新芽の再生を促します。また、**とう立ちしてきたら、茎を5～6cm残して早めに摘み取ります。**

❶収穫した後は、株の周りに化成肥料を追肥します

❷株元に土寄せをします

ニラの病害虫対策

ニラはあまり病害虫の心配がない野菜ですが、アブラムシがつきやすいので防除します。

病気では、過湿になると葉に黄褐色の小斑紋ができるベト病や、葉に黄色い粉状の病斑ができるサビ病などにかかることがありますので、長雨や水のやりすぎに注意しましょう。

★★★★★

ホウレンソウ アカザ科

育てやすく栄養も豊富 人気の高い緑黄色野菜

よくある失敗と対策

失敗	対策
芽が出ない	石灰を散布して酸性土壌を中和する
とう立ちする	とう立ちの遅い品種を選ぶ

▶オススメの品種／春：アクティブなど、秋：リードなど
▶連作障害／あり（1～2年はあける）
▶コンテナ栽培／できる（深さ15cm以上）

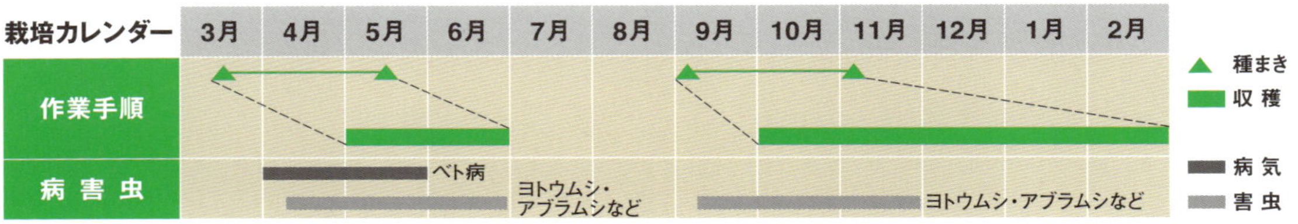

ホウレンソウの特性と品種

種まきの時期で品種選び

ホウレンソウは代表的な緑黄色野菜で、栄養価がきわめて高く、ビタミン、鉄分、カルシウムの含有量などが豊富であることが知られています。

発芽および生育の適温は15～20℃と冷涼な気候を好み、耐寒性がきわめて強く、－10℃の低温にもよく耐えます。しかし、暑さには弱く、25℃以上になると生育が急激に悪くなり、ベト病などの病害も多発します。

また、日の長い条件ではとう立ちしやすいので、6～8月の夏の時期の栽培が一層困難となります。そのため、種まきの適期は3～5月、9～10月頃となります。

品種の選びかたは、春から夏にかけては日が長くなるので、とう立ちの遅い品種を選びます。秋～冬はホウレンソウが最もつくりやすい季節なので、味がよいとされる在来品種などもよいでしょう。

ホウレンソウの主な品種

夏まき品種	アクティブ、マジック、サンパワー、おかめ、サマーライダーなど
秋まき品種	リード、アトランタ、パレード、トライ、オーライ、サンピア、在来品種の新日本、次郎丸、豊葉、禹城など

手順1 土づくり

❶石灰を散布してよく耕します

石灰をまいて酸性土壌を中和

種まきの1週間〜10日ほど前までに土づくりをしておきます。

ホウレンソウは酸性土壌に弱いので、石灰150〜200g/m^2を畑全面に散布してよく耕します。

次に、堆肥を2kg/m^2、化成肥料100g/m^2を施していねいに耕し、高さ10cm程度の平畝《うね》をつくります。

❷堆肥と化成肥料を施して耕します

❸高さ10cmの平畝をつくり、レーキなどで表面を整えます

手順2 種まき

❶平畝に太めの棒などを押し当てて溝をつけます

1cm間隔でスジまき

種まきは、1条ないし2条(2条まきの場合は条間15〜20cmにします)のすじまきにします。

畝の表面をならし、支柱などを畝に押し当てて深さ1cm程度の溝をつけ、1cm間隔で種をまきます。

次に、溝の両側から指でつまむようにして土をかぶせます。手のひらで軽くおさえ、たっぷり水やりします。

❷種を1cm間隔でまきます

❸指でつまむようにして土をかぶせて溝を埋め、手で軽くおさえて水やりします

手順 3 間引き・土寄せ

株間3～4cmに間引き

種まき後約3～4日で発芽してきます。7日目ぐらいで双葉が展開して本葉（1～2枚）が見えはじめる頃に3～4cmの間隔になるように苗を間引き、ひとつひとつの株をしっかり育てます。

なるべく育ちの悪い小さめの苗や、色つやの悪い苗を間引くようにしましょう。

間引き後は、苗がぐらつかないように株元に軽く土を寄せます。

❶株間が3～4cmになるように苗を間引きます。なるべく育ちの悪い苗を間引きましょう

❷軽く土を寄せます

手順 4 2回目の間引き・追肥・土寄せ

成功するコツ

株間5～6cmに間引き

1回目の間引きで株間3cmにすれば十分にホウレンソウは収穫できますが、**一株一株を大きく育てたいときは、さらにもう一度5～6cmの間隔に苗を間引きます。**間引き苗といっても十分に食べられますので利用しましょう。

また、第2回目の追肥は、中耕・土寄せをかねて草丈が8～10cmまで育った頃（種まき後17～20日目）に行います。

❶株間が5～6cmになるように苗を間引きます

❷株のわきに追肥をします

❸軽く土を寄せます

手順 5 寒冷期の保温

成功するコツ

保温してやわらかい葉に育てる

12～2月頃の寒冷期になると、**霜や寒風による凍害、葉の傷み、黄化などを起こす場合があります。**品質のよいものを収穫するため、**べたがけ資材を利用して保温するとよいでしょう。**べたがけには不織布、寒冷紗などがあります。

❶マルチングと同じ要領でべたがけを広げます

❷端を折り返して足でおさえ、土をかぶせます。反対側も同じようにします

❸横も足でおさえながら土をかぶせます

手順 6 収穫（30～40日後）

20～25cmに育ったら収穫

ホウレンソウの草丈が20～25cmになったら順次収穫していきます。収穫までの期間は、春まきで種まき後30～40日、秋まきで30～50日程度です。

各株の根元を切るか、株ごと引き抜いてもよいでしょう。

❶株の根元をはさみで切って収穫します

❷収穫した株の根をなるべく短く切ります

ホウレンソウの病虫害対策

栽培適期を守れば、ホウレンソウは無農薬でも十分に育てることができます。

乾燥すると害虫が発生しやすくなります。アブラムシやアオムシ、ヨトウムシなどの被害が気になる場合には、DDVP乳剤1,000倍を散布します。病気では双葉がしおれたり黄色く枯れるベト病にかかることが多いようですが、抵抗性の強い品種を育てればよいでしょう。

★★★★★

コマツナ アブラナ科

いつでもつくれる 季節を問わない野菜

よくある失敗と対策

失敗	対策
夕方になるとしおれる	根コブ病が原因 連作を避ける
葉に穴があく	BT剤を散布して 害虫を駆除する

- オススメの品種／みすぎ、楽天など
- 連作障害／あり(1～2年はあける)
- コンテナ栽培／できる(深さ15cm以上)

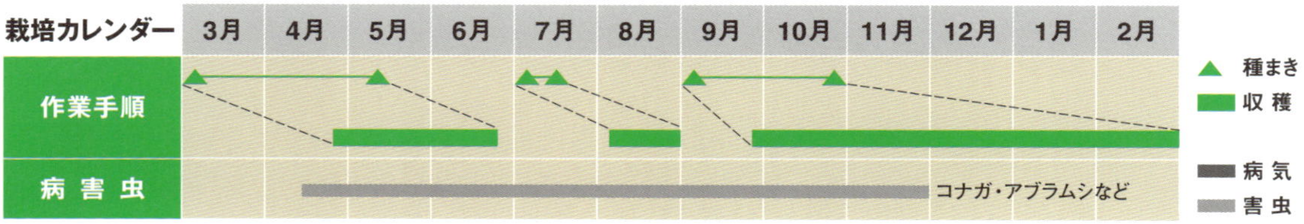

コマツナの特性と品種

時期をずらして種をまくと通年の収穫が可能

コマツナは、東京都江戸川区の小松川近辺でつくられていたことからこの名がついたといわれています。日本人の食卓にはなじみ深く、ビタミンAとCやミネラルに富む栄養価の高い野菜です。

生育適温は20℃前後と、比較的冷涼な気候を好みます。暑さにも寒さにも強いので、真夏と真冬の時期を除けば、ほぼ周年で栽培することができます。

失敗も少なく、種をまけば、必ず生えてくるほど栽培しやすいので、家庭菜園の入門野菜としても最適です。

一般的に春・秋まきは種まきから30～40日、夏まきは25～30日で収穫できるので、10日おきに計画的に種をまくと、実に重宝します。

また、連作の害も出にくく、多少の連作も可能です。栽培期間も短いので、ほかの野菜(果菜類やネギ類など)との間作(畝《うね》と畝の間や、すじまきなどで株の列の間にほかの作物を栽培すること)もできます。

品種は、葉が丸いものと長いものとがありますが、近年では丸葉で葉色の濃いものが好まれています。主なものは、みすぎ、楽天、よかった菜、裕次郎などです。

手順1 畑づくり

元肥はしっかり施す

種まきの2週間前に、石灰100～150g/m²を畑全面に散布してよく耕します。

1週間前に、化成肥料100g/m²と、堆肥2kg/m²を散布して土とよく混ぜ、レーキなどで表面を平らにします。

❶石灰を全面に散布して耕します

❷堆肥と化成肥料を施します

❸肥料を土によく混ぜ込みます

手順2 畝《うね》づくり

高さ10cmの畝をつくる

条間20cmの2列まきにするので、幅60cm程度の畝をつくります。

畑の大きさに合わせて、両側にひもを2本はり、ひもの外側の土をひもの内側に盛っていきます。

周囲の土を畑に盛り、10cmぐらいの高さになったら、表面をレーキなどで平らにならします。

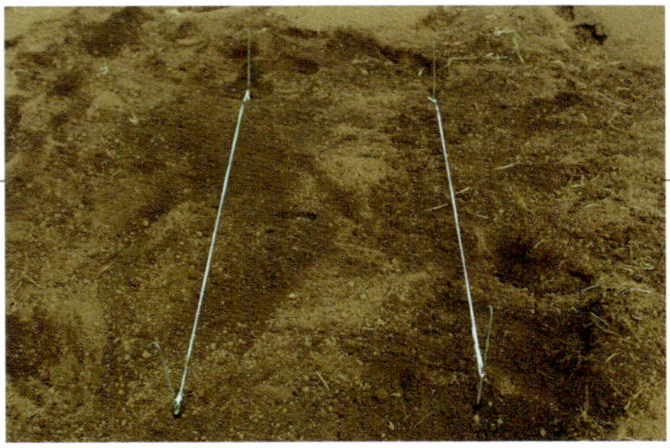

❶畝幅と畑の長さに合わせてひもを2本張ります

❷畑の内側に土を盛るように、ひもの外側の土を内側に盛ります

❸高さ10cmの畝をつくり、表面をきれいにしたら、ひもを外します

手順3 種まき

❶畝に条間20cmの溝をつけます

すじまきすれば管理しやすい

種まきの時期は、3月上旬から10月下旬までならいつでも可能ですが、暑くなってくると害虫が発生しやすくなるので、つくりやすい時期を選んで種をまきましょう。

畝《うね》に棒などで条間20cmになるように2列の溝をつけ、そこに種が重ならないようにすじまきします。土をかぶせて軽くおさえ、たっぷりと水やりします。

以降、発芽するまでは乾かさないように水をやり、発芽後は乾いてきたらたっぷりと水を与えます。

❷重ならないように種をまきます

❸土をかぶせて軽くおさえます

手順4 べたがけ

低温期にはべたがけする

晩秋から冬にかけての栽培では、気温の低い時期に、べたがけをして被覆すると、発芽が早まります。

べたがけは、マルチングと同じ要領で行います。

❶畑より少し広いべたがけ資材を広げます

❷マルチングと同じように、周囲に土を盛って固定します

❸べたがけの上から水をやります

手順 5 間引き・追肥

草丈7～8cmで株間5～6cmに間引き

種まき後、3～4日で発芽してくるので、本葉が1～2枚になったら、3～4cm間隔に間引きます。

草丈が7～8cmになったら5～6cm間隔に間引きます。

間引き後は、それぞれ化成肥料30g/m^2を追肥し、軽く土寄せします。

また、間引いたものは、間引き菜としてサラダやみそ汁の具などに利用しましょう。

❶本葉が1～2枚になったら、育ちの悪い苗を間引きます

❷苗の根元に手で軽く土を寄せ、苗を安定させます

❸7～8cmになったら、株間5～6cmに間引き、追肥、土寄せをします

手順 6 収穫 (30～40日後)

どんどん収穫する

草丈が20～25cm程度になったものから収穫します。

比較的生長が早い野菜です。大きくしすぎると品質が落ちてしまうので、注意しましょう。

20～25cmになったら、株の根元を切って収穫します

コマツナの病害虫対策

コマツナは、夏季にコナガやアオムシ、アブラムシの被害が頻繁に見られます。

これらの害虫が発生すると、葉がすぐに穴だらけになるので、寒冷紗や不織布をトンネル状に覆って防除します。農薬散布の回数を減らすだけでなく、無農薬栽培も可能です。

冬場は害虫も発生しないので、ほとんど無農薬で栽培できます。

★☆☆☆☆

シュンギク

キク科

失敗が少なく収穫も多い家庭菜園向きの野菜

よくある 失敗 と 対策

- 芽の出かたがバラバラ ☞ 覆土を薄くする
- 育ちが悪い ☞ 石灰を散布して土壌を中和する

▶オススメの品種／さとゆたか、きわめ中葉春菊など
▶連作障害／あり（2〜3年はあける）
▶コンテナ栽培／できる（深さ15cm以上）

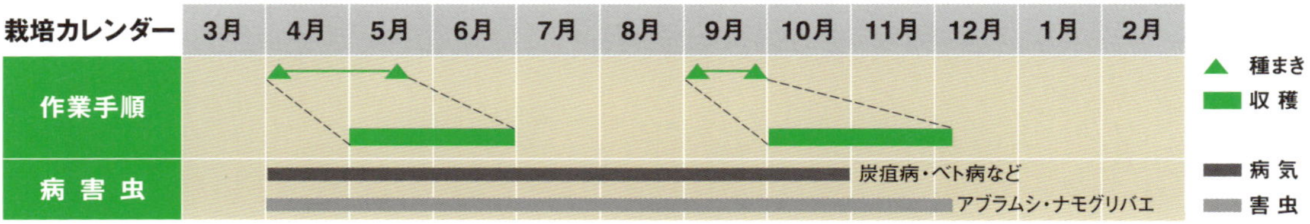

シュンギクの特性と品種

育てやすい中葉種がおすすめ

シュンギクは、独特の香りと風味が特徴の野菜です。栽培には冷涼な気候（15〜20℃程度）を好むため、暑さに弱く高温や日が長いととう立ちして開花してしまいます。6〜8月頃の夏の栽培は難しいといえますが、春と秋ならば立派なものが収穫できます。

また、シュンギクが春先に咲かせる黄色の花も意外と美しく、楽しむことができます。

シュンギクは葉の形により大葉、中葉、小葉に分けられますが、一般的に中葉の品種がつくりやすいでしょう。主な品種は、さとゆたか、さとあきら、きわめ中葉春菊、菊次郎などです。

育てやすく人気も高い中葉品種のシュンギク

手順 1 畑づくり

石灰を散布して土壌を中和する

種まきの2週間前に、**石灰150g/m^2を、全体に散布して20cmぐらいの深さに耕します。**

1週間前に、幅60cmとして中央に深さ15cmの溝を掘り、堆肥2kg/m^2、化成肥料100g/m^2を施します。土を戻して高さ10cmの畝《うね》をつくり、表面を平らに整えます。

成功するコツ

❶畝の中央に深さ15cmの溝を掘ります

❷溝に堆肥、化成肥料を施します

❸土を戻して溝を埋め、表面を平らに整えます

手順 2 種まき

春か秋に種まきすると育てやすい

4〜5月や9月の露地適期まきならば、もっとも楽につくることができます。しかし、6〜8月の夏まきでは高温で生育が悪く、病害も発生しやすいので、難しくなります。

畝に20〜30cmの間隔をあけて2列にすじまきします。**シュンギクの種は、発芽に光を必要とするので、覆土は薄くします。種まき後には水をたっぷりとやります。**

成功するコツ

❶畝に棒で溝をつけ、すじまきします

❷土を薄くかぶせて、くわなどで表面を軽くおさえます

❸たっぷりと水をやります

手順 3 間引き（1回目）

本葉1～2枚で最初の間引き

種まき後1週間程度で発芽してきます。本葉が1～2枚になったら、発育のよい苗を残して、3cm間隔に間引きます。

間引き後は、指で軽く土を寄せます。

❶発芽して本葉1～2枚になったら間引きます

❷育ちのよい苗を残して3cm間隔に間引きます

❸指で土を寄せます

手順 4 間引き（2回目）

本葉4～5枚で2回目の間引き

本葉が4～5枚になったら2回目の間引きをします。なるべく育ちのよい株を残し、5～6cm間隔になるように間引きます。

間引き後は、化成肥料30g/m^2を施し、土寄せを行います。

❶育ちのよい苗を残して、5～6cm間隔に間引きます

❷条間に化成肥料を施し、土寄せをします

❸間引かないと株が密集しすぎて大きく育ちません

手順 5 間引き（最終）

❶株間15～20cmに間引きます

草丈15cmで間引き収穫

草丈が15cm程度になったら、株間が15～20cmになるように株を間引きます。間引いたものはそのまま食べられますので、利用しましょう。

間引き後に、化成肥料30g/m^{2}を株元に施し、軽く土寄せを行います。

❷追肥、土寄せをします

手順 6 収穫（30～40日後）

❶株の中心の若芽を手で摘み取ります

❷わき芽も手で折って収穫できます

わき芽を摘んで長く収穫

草丈が20cm程度に育ったら収穫です。

収穫方法は、株ごと引き抜く場合と、若い芽を摘んで収穫して行く方法がありますが、長く楽しむためにも、株元を残して中心の若芽を摘み取りましょう。次々にわき芽が伸びてくるので、順次収穫できます。

シュンギクの病害虫対策

シュンギクは比較的病害虫に強い野菜ですので、あまり神経質になる必要はありません。

ただし、収穫期になるとアブラムシがつくことがあるので、葉の裏をチェックして駆除しましょう。

また、ナモグリバエも発生してきます。被害が著しい場合は、マラソン乳剤などで防除します。

★☆☆☆☆

キョウナ【ミズナ】 アブラナ科

シャキッとした食感とみずみずしさが人気

よくある失敗と対策

- 元気に育たない ☞ 土を乾かさないように水やり
- 葉が黄色くなる ☞ 霜よけをする

▶オススメの品種／千筋京菜、シャキさらなど
▶連作障害／あり（1～2年はあける）
▶コンテナ栽培／できる（深さ15cm以上）

栽培カレンダー	3月	4月	5月	6月	7月	8月	9月	10月	11月	12月	1月	2月
作業手順		▲	▲ ■	■			▲	▲ ■	■	■	■	
病害虫		■	■	■	アブラムシ・ヨトウムシ		■	■	■	アブラムシ・ヨトウムシ		

▲ 種まき
■ 収穫
病気
害虫

キョウナの特性と品種

水もちのよい肥沃な畑で栽培する

キョウナは別名ミズナとも呼ばれ、尖った葉先と葉の深い切れ込みが特徴です。文字通り京都で栽培されてきた漬け菜で、肥料を使わずに水と土だけで育てたことから、京都ではミズナと呼ばれるようになりました。

株のつけ根から多くの分けつを伸ばし、多量の水を必要とするため、栽培には水もちのよい肥沃な土地が向いています。生長すると4～5kgもの大きな株になり、非常にたくさんの葉をつけるため、肥切れをさせないようにすることが成功のポイントです。香りとシャキッとした歯ごたえがあるので、最近では、生食用として小株での収穫が人気です。

品種は、大株で栽培するものでは千筋京菜、緑扇2号京菜などで、小株で収穫するものでは、のってる菜、シャキさら、サラダ京水菜などがあります。また、壬生菜《みぶな》は、葉のギザギザがなくなったキョウナの変異種です。

大株品種（左）と小株品種（右）の水菜

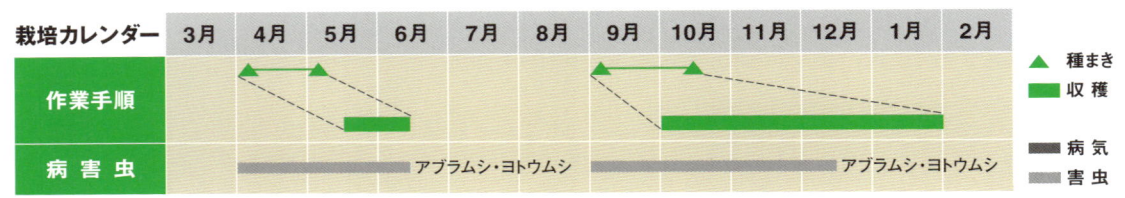

手順 1
種まき

秋に種をまき、土が乾かないようにこまめに水やり

種まき2週間前に石灰150g/m^2を散布してよく耕します。1週間前に堆肥2kg/m^2、化成肥料100g/m^2を全面に散布して土に混ぜ込み、幅60cmの畝《うね》をつくります。

小株どりは条間20～30cmで2列のすじまきにします（大株どりは株間30cmで1か所7～8粒の点まき）。**以降、土が乾かないように水をやります。**

❶畝に棒などで溝をつけ、種をまきます

成功するコツ

❷軽く土をかぶせ、たっぷりと水をやります

手順 2
間引き・追肥・土寄せ

本葉3～4枚で最初の間引き

小株どりは、発芽して本葉が3～4枚になるまでに株間5～6cmに間引きます。間引き後は化成肥料30g/m^2を追肥して土寄せします。大株採りは、本葉1～2枚で3本に、本葉3～4枚で2本に、本葉6～7枚で1本に間引きます。追肥は化成肥料30g/m^2を2～3回、株間に施し軽く土寄せします。**寒さが厳しいと葉が黄色くなるので、寒冷紗などで霜よけをしましょう。**

❶株間が5～6cmになるように間引きます

❷化成肥料を株元に施し、軽く土を寄せます

成功するコツ

手順 3
収穫（30～40日後）

草丈25cmぐらいで収穫

小株採りでは、草丈が25cm程度に生長したら、株の根元を切って収穫します。

大株採りは、12～1月にかけて大きく張り出してきた株から収穫します。

株元を切って収穫します

キョウナの病害虫対策

アブラナ科野菜のキョウナは、アブラムシやヨトウムシなど、害虫被害が多く見られます。殺虫剤などを散布するなどしてして、駆除を徹底しましょう。

特にアブラムシは、ウイルス病の原因ともなるので注意しましょう。

また、連作は根コブ病、軟腐病や立ち枯れ病の原因となります。

★☆☆☆☆

カラシナ アブラナ科

歯ごたえと辛みが漬け物に最適な野菜

よくある失敗と対策

失敗		対策
うまく育たない	☞	適期に種まきする
大きく育たない	☞	株間を広げる

▶ オススメの品種／葉カラシナ、黄カラシナ
▶ 連作障害／あり（2〜3年はあける）
▶ コンテナ栽培／できる（深さ30cm以上）

栽培カレンダー	3月	4月	5月	6月	7月	8月	9月	10月	11月	12月	1月	2月
作業手順	収穫	収穫					▲	▲		収穫	収穫	収穫
病害虫							害虫	害虫	害虫 アオムシ・アブラムシなど			

▲ 種まき　■ 収穫　■ 病気　■ 害虫

カラシナの特性と品種

幅広い期間栽培できるカラシナ

成功するコツ

カラシナは、漬け菜として有名なタカナの仲間で、葉幅が狭くたくさんの切れ込みと毛茸《もうじ》（細かい毛）があるのが特徴です。

比較的暑さや寒さに強く、種まきから収穫まで短期間で栽培できます。

栽培適期は、3〜4月に種をまいて6〜7月に収穫する春まき、6〜7月上旬に種をまいて9〜10月に収穫する夏まき、9〜10月に種をまいて12月〜翌年にかけて収穫する秋まきと幅広いのですが、**一般的には、寒地は春まき、暖地は秋まきがおすすめです。**

栽培するときに、若どりするときは株間を狭めにし、大株どりは株間を広くすると上手に育てることができます。

主な品種は、葉カラシナ、黄カラシナが代表的です。また、葉色の赤い三池タカナや辛みがあるピリピリナ、中国から伝わったセリホンなども同じ種類の野菜で、近年では国内での栽培も増えています。

葉に赤みのある三池タカナ

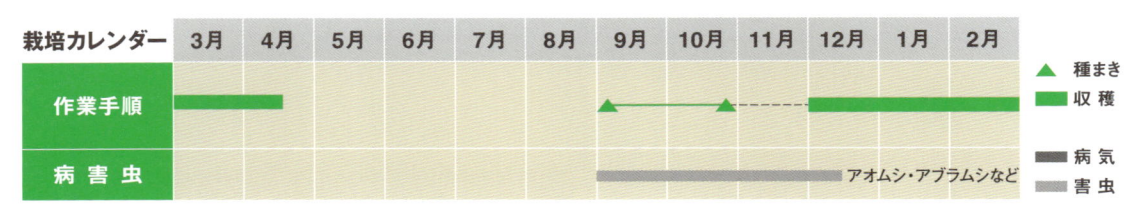

手順1 畑づくり・種まき

種は8～10粒の点まきにする

種まき2週間前に石灰100g/m^2を全面散布して耕し、1週間前に堆肥2～3kg/m^2、化成肥料100g/m^2を散布して土とよく混ぜ、幅60cm、高さ10cmの畝をつくります。畝に株間10cm、条間30cmでくぼみを2列つくり、1か所に5～6粒の点まきとし、もみがらをまいて、たっぷりと水をやります。

❶畝に株間10cmで、1か所に5～6粒の種をまきます

❷土ともみがらをかぶせ、たっぷりと水をやります

手順2 間引き・追肥

成功するコツ

最初の間引きは本葉2～3枚の頃

発芽後3本に間引き、本葉2～3枚の頃に2本に間引き、本葉5～6枚の頃に1本に間引きます。**大きく育てたい場合は、最終的に株間20cmぐらいにします。**

追肥は、2回目の間引きのときと、草丈が10～12cmになった頃に行います。いずれも化成肥料30g/m^2を条間に施し、土寄せをします。

❶発芽後に3本に間引きます

❷間引後に指で軽く土寄せします

手順3 収穫（60～100日後）

草丈20cmから収穫

草丈が20cmくらいの大きさから収穫できます。春先に収穫する場合には、30～40cmぐらいになったものを収穫すると、品質のよい葉が収穫できます。春まきの場合、とう立ちしたら根を抜いて収穫します。

株元から茎を折って収穫します

カラシナの病害虫対策

カラシナは、葉に辛みがありますが、意外と害虫が多く発生します。主な害虫は、アオムシ、アブラムシ、コナガ、コナジラミ、ナノクロムシ、ヨトウムシなどです。見つけ次第取り除くか、薬剤を散布して防除しましょう。

また、寒冷紗などでトンネル栽培をしてもよいでしょう。

★☆☆☆☆

ロケットサラダ【ルッコラ】

アブラナ科

ゴマの香りと辛みのある味わい

よくある失敗と対策

失敗	対策
虫食いが多い	防虫対策をする
うまく育たない	種まき時期をかえる

- オススメの品種／ロケットサラダ、オデッセイなど
- 連作障害／あり（2〜3年はあける）
- コンテナ栽培／できる（深さ15cm以上）

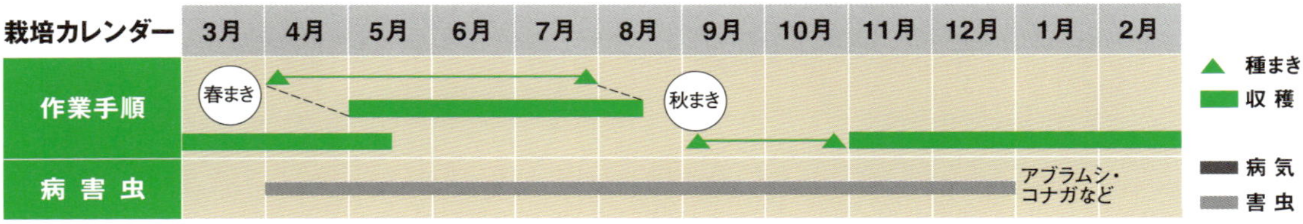

ロケットサラダの特性と品種

暑さに強く、真夏でも栽培できる

ロケットサラダは、別名ルッコラとも呼ばれ、ゴマのような風味と、ぴりっとした辛さ、ほろ苦さが特徴で、サラダや炒め物、おひたしになどに利用されています。

生育が早く、栽培管理もほとんどいらないため、家庭菜園の初心者でも比較的簡単に栽培することができます。

年間を通して栽培が可能ですが、春と秋がいちばん栽培しやすい時期で、春〜初夏が30日前後、秋は35〜40日ぐらいで収穫できます。

また、寒さには強いのですが、暑さ、過湿、乾燥に弱いため、夏場や長雨の時期には、遮光や雨よけなどの工夫が必要です。

ロケットサラダは、明治時代に一度日本に導入されましたが、あまり栽培されず、近年になって再び導入されて人気となりました。

そのため、品種は少なく、主なものはロケットサラダ、オデッセイ、コモンルコラなどです。

ロケットサラダ（左）とロケット（右）

手順 1 畑づくり・種まき

種をすじまきして育てる

種まき2週間前に石灰100g/m²を全面散布して耕します。1週間前に堆肥2～3kg/m²、化成肥料100g/m²を散布して土とよく混ぜ、幅60cm、高さ10cmの畝をつくります。畝《うね》に条間15cmで3列の溝をつけ、1cm間隔で種をすじまきして、土をかぶせて水をやります。以降、土が乾いてきたら水をやります。

❶畝に溝をつけ、種をまきます

❷指でつまむように土をかぶせ、手で軽くおさえます

手順 2 間引き・追肥

成功するコツ

株間4～5cmに間引き

発芽後本葉1～2枚で、株間4～5cmに間引きます。追肥は、本葉3～4枚の頃に、化成肥料30g/m²を条間に施します。追肥後は、株元に軽く土寄せします。

また、**夏場は害虫がつきやすいので、防虫ネットや寒冷紗などをかけて防除するとよいでしょう。**

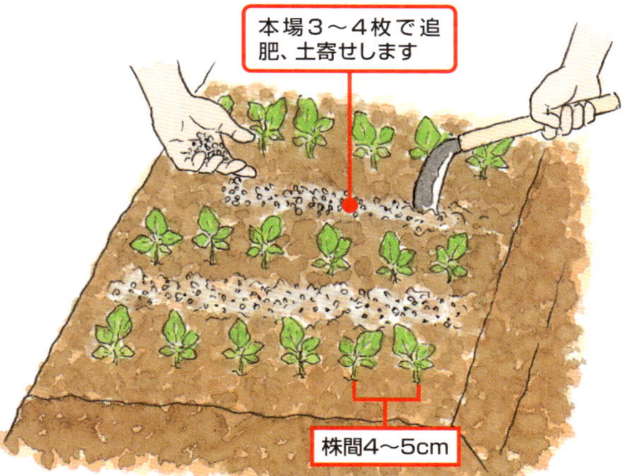
本場3～4枚で追肥、土寄せします
株間4～5cm

手順 3 収穫（40日後）

草丈15cmで収穫

草丈が15cmぐらいに育ったら収穫できます。収穫方法は、根元を切って株ごと収穫してもよいのですが、必要なだけ葉を摘み取ると、次々に葉が出てくるのでおすすめです。

必要なだけ葉を摘み取ると、長く収穫できます

ロケットサラダの病害虫対策

ロケットサラダは、他のアブラナ科の野菜と同様に、害虫被害の多い野菜です。

特に春や夏には、コナガやアブラムシが発生しやすいので、見つけたら取り除き、薬剤を散布して防除しましょう。

また、防虫ネットや寒冷紗をかけて栽培してもよいでしょう。

★★☆☆☆

レタス（リーフレタス） キク科

適期に植えつければ初心者でも栽培できる

よくある 失敗 と 対策

失敗		対策
結球せずにとう立ちする	☞	種まき時期をかえる
葉が大きくならない	☞	株間を広げる

- ▶オススメの品種／シスコ、晩抽レッドファイヤーなど
- ▶連作障害／あり（1～2年はあける）
- ▶コンテナ栽培／できる（深さ20cm以上）

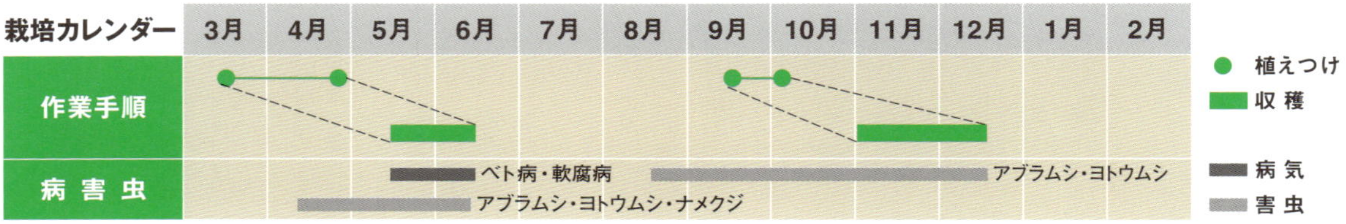

レタスの特性と品種

気温の安定する春と秋の栽培がオススメ

レタス類は、生育適温が15～20℃と冷涼な気候を好むため、春と秋によく育ちますが、暑さには弱く、夏は栽培が難しくなります。一般的に25℃以上になると、丸く結球しなかったり株が腐ったりします。

家庭菜園では、市販の苗を植えつけて栽培します。時期は、春が3月中旬～4月、秋は9月中旬～10月上旬に行います。

また、レタス類は日の長い条件でとう立ちしやすいので、ベランダの外灯や道路の街灯の側での栽培は避けましょう。

レタスの仲間には、結球する玉レタス、半結球性のサラダナ、結球しないリーフレタス、立ち性のコスレタス、茎を食べるステムレタスなどがあります。

特にリーフレタスは、生育期間が植えつけから30日と短く、暑さや寒さにも比較的強いので家庭菜園向きのレタスです。

リーフレタス（赤葉種）

手順 1 畑づくり・植えつけ

成功するコツ

株間30cmに植えつけ

植えつけ2週間前に苦土石灰100g/m^2を散布してよく耕し、1週間前に堆肥2kg/m^2、化成肥料100g/m^2を施してよく混ぜます。植えつけ直前に幅60cm、高さ10cmの畝《うね》をつくり、マルチングをします。

植えつけは、春が3月中旬〜4月、秋は9月中旬〜10月上旬に行い、本葉4〜5枚でよく締まった市販苗を、**株間30cmで植えつけ**、たっぷりと水をやります。

❶株間30cmでマルチに穴をあけて土を掘り、穴に水をたっぷり注ぎます

❷水が引いたら、ポットから外した苗を浅めに植えつけ、根元を軽くおさえます

手順 2 追肥

結球しはじめた頃に追肥

結球レタスは結球し始めた頃に、リーフレタスは草丈が7〜8cmになったら追肥します。

具体的には、化成肥料30g/m^2をマルチのすき間から株元に施します。

外葉をおさえて、株の根元に化成肥料を施します

手順 3 収穫（50日後）

玉が締まっていたら収穫

植えつけ後、結球レタスは50日程度、リーフレタスは30日程度が収穫期です。結球レタスは玉を押してみて締まっているものから順次収穫します。サニーレタスは、葉長が20〜25cmになったら株元から切り取るか、外葉を順次摘み取って収穫します。

開いている外葉をよけ、結球部分を株元から切って収穫します

レタスの病害虫対策

病害虫を見つけた場合は、殺虫剤や殺菌剤で防除しなければなりませんが、適期の植えつけと適切な管理で病害虫を減らしましょう。

害虫がひどい際には、寒冷紗をかけたり、病気が出た株などは、早めに抜き取るなどしてなるべく農薬の使用を抑えたいものです。

★★★☆☆

ブロッコリー

アブラナ科

花蕾《からい》と茎ともにおいしい栄養豊富な緑黄色野菜

よくある失敗と対策

- 花蕾が小さい ☞ 植えつけ時期をかえる
- 虫食いが多い ☞ 防虫対策をしっかりする

▶オススメの品種／緑嶺、グリエールなど
▶連作障害／あり（2〜3年はあける）
▶コンテナ栽培／できる（深さ30cm以上）

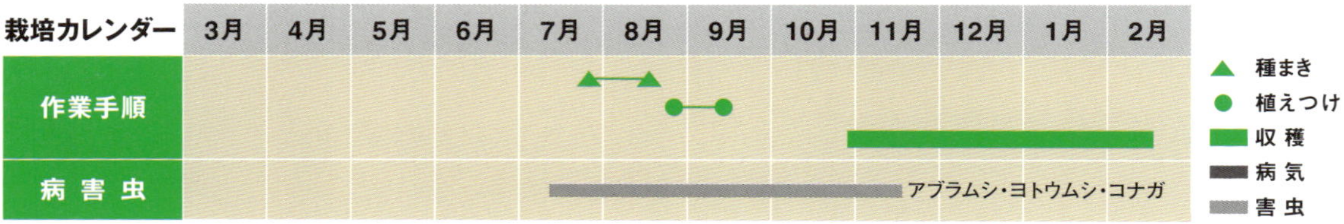

ブロッコリーの特性と品種

夏まきの秋どりで栽培する

ブロッコリーは、栄養価が高く、とりわけビタミンA、Cを豊富に含む代表的な野菜です。一般的な葉菜類と違い、肥大した花蕾を利用する野菜です。

生育適温は20℃前後と、比較的冷涼な気候を好みます。栽培は7月下旬から8月中旬に種をまき、10月下旬から収穫します。苗の段階では高温に強いのですが、蕾《つぼみ》が肥大する頃には暑さに弱くなります。

また、アオムシ、ヨトウムシなどの害虫がつきやすいので、防除対策が必要です。

ブロッコリーの品種は、種まきから75〜80日で収穫できる早生種と、90〜95日で収穫できる中生種、晩生の大型種に分けられます。主な品種は、緑嶺、グリエール、ハイツなどがありますが、最近では、スティックセニョールという、小さな蕾と軟らかい長い茎を利用する家庭菜園向きの品種もあります。

花蕾が小さく、茎が細長く伸びるスティックセニョール

手順 1 種まき

ポットで育苗する

種まきは、7月下旬から8月中旬に行います。9cm径のポットに培養土を入れ、種を5～6粒まきます。発芽したら3本に間引き、本葉2枚で2本に、本葉3～4枚で1本に間引きます。本葉5～6枚になったら植えつけます。

❶土を入れたポットに、5～6か所のくぼみをつくり、種をまきます

❷発芽したら3本に間引きます

手順 2 畑づくり・植えつけ・追肥

本葉は10枚で1回目の追肥

植えつけの2週間前に、石灰100g/m^2を散布して耕します。1週間前に畝《うね》幅60cmで中央に深さ20cmの溝を掘り、堆肥2kg/m^2と化成肥料100g/m^2を散布して土を戻し、平畝をつくります。株間40cmで植え穴を掘り、苗を植えつけます。

追肥は植えつけ後本葉が10枚の頃に1回目を、その20日後に2回目を行います。株間に化成肥料30g/m^2を散布し、土寄せします。

❶株間40cmで畝に穴を掘り、穴に水をたっぷり注ぎます

❷ポットから外した苗を植えつけ、根元を手で軽くおさえてたっぷりと水をやります

手順 3 収穫（90～95日後）

花蕾が締まった状態で収穫

花蕾が大きくなり、小さな蕾がハッキリと見え、硬く締まった状態が収穫適期です。茎の部分も軟らかくおいしいので、アスパラガスのように利用できます。

花蕾の10～15cmぐらい下の茎を、ナイフで切って収穫します

ブロッコリーの病害虫対策

ブロッコリーは、葉が軟らかい生育前期頃に、害虫の被害がよく発生します。取り除くか、殺虫剤を散布します。べたがけ資材やネットなどで防除してもよいでしょう。

殺虫剤は、ヨトウムシ、アオムシ、コナガなどにはBT剤を、アブラムシにはマラソン乳剤を散布しましょう。

★★★☆☆

カリフラワー

アブラナ科

栽培方法は ブロッコリーと同じ

よくある失敗と対策

失敗		対策
うまく育たない	☞	水を与えすぎない
花蕾が真白にならない	☞	花蕾を葉で覆う

- ▶オススメの品種／バロック、スノークラウンなど
- ▶連作障害／あり（2～3年はあける）
- ▶コンテナ栽培／できる（深さ30cm以上の大型コンテナ）

栽培カレンダー	3月	4月	5月	6月	7月	8月	9月	10月	11月	12月	1月	2月
作業手順					▲――	―▲ ●―	―●		■■■	■■■	■	
病害虫				アブラムシ・ヨトウムシ・コナガなど	――	――	――	――	―			

▲ 種まき　● 植えつけ　■ 収穫　■ 病気　■ 害虫

カリフラワーの特性と品種
夏まきの秋どりで栽培する

　カリフラワーは、ブロッコリーの変異により花蕾《からい》が白くなった野菜です。そのため、ブロッコリーとほとんど同じような栽培方法でつくることができます。

　栄養価も高く、特に鉄分とビタミンCが豊富に含まれています。ほかにも食物繊維が多く、野菜の中では珍しくタンパク質も含有しています。生育適温は15～20℃前後と、ブロッコリーよりも若干冷涼な気候を好みますが、高温や過湿に弱いので、注意が必要です。具体的には、7月中下旬から8月上旬に種をまき、11月上旬から収穫します。

　ミニ品種の美星をはじめ、バロック、スノークラウンなどがつくりやすい品種です。珍しいものでは、バイオレットクインや、オレンジブーケなどもあります。また、カリフラワーは品種によって早晩性が大きく違うので、栽培時期に合わせた品種を選ぶことが大切です。

花蕾が紫色のカリフラワー

手順1 種まき・畑づくり・植えつけ

水のやりすぎに注意

ブロッコリー(P.172)と同じ要領で種まき、畑づくりを行います。植えつけは、本葉が5〜6枚になった頃に行います。畝に株間40cmで穴を掘り、水をたっぷりと注ぎ、水が引いたら苗を浅めに植えつけ、水をやります。**過湿に弱いので、以降は土が乾いたら水をやる程度にします。**

❶種まき後、苗が本葉5〜6枚に育ったら植えつけます

成功するコツ

❷たっぷりと水をやります。以降は、水のやりすぎに注意しましょう

手順2 追肥・土寄せ

株間に追肥する

植えつけ後、本葉が10枚の頃に、株間に化成肥料30g/m²を施し軽く土寄せします。2回目はその20日後に同量を施して土寄せします。株が倒れそうな場合は、しっかりと土寄せして株を安定させましょう。

また、**花蕾を真っ白に育てたい場合は、外葉を束ねてひもで結び、花蕾を覆って日焼けを防ぎます。**

❶株間に化成肥料30g/m²を施します

❷くわで株元に土を寄せます

手順3 収穫（110日後）

15〜20cmの花蕾を収穫

花蕾が15〜20cmぐらいになったら収穫です。収穫が遅れると、蕾の間にすき間ができたり、表面がざらついてしまうので、適期の収穫を心がけましょう。

花蕾の根元にナイフを入れ、茎を切って収穫します

カリフラワーの病害虫対策

カリフラワーの病害虫は、ブロッコリーとほとんど同じで、ヨトウムシ、アオムシ、コナガ、アブラムシなどです。

葉の裏側や中心部をよく観察して、虫食いの穴があいていたら、見つけ次第すぐに取り除き、殺虫剤などで駆除を徹底するようにしましょう。

★★★☆☆

ハクサイ アブラナ科

菜園中級者向けの定番の冬野菜

よくある失敗と対策

失敗		対策
結球の締まりが弱い	☞	適期に種をまく
結球が小さい	☞	適期に追肥する

- ▶オススメの品種／富風、黄ごころ65など
- ▶連作障害／あり（2〜3年はあける）
- ▶コンテナ栽培／できる（ミニ品種のみ深さ30cm以上）

栽培カレンダー	3月	4月	5月	6月	7月	8月	9月	10月	11月	12月	1月	2月
作業手順						▲種まき（下旬）	▲種まき（上旬） ●植えつけ		収穫	収穫	収穫	
病害虫（病気）							根コブ病・軟腐病など	根コブ病・軟腐病など				
病害虫（害虫）							コナガ・アブラムシ・ヨトウムシなど	コナガ・アブラムシ・ヨトウムシなど	コナガ・アブラムシ・ヨトウムシなど			

▲種まき　●植えつけ　■収穫　■病気　■害虫

ハクサイの特性と品種

種まき時期に注意して栽培する

ハクサイは、冷涼な気候を好み、15〜20℃が生育適温とされています。日本に伝わったのは明治初期と、比較的歴史の浅い野菜です。今では、秋から冬の代表野菜として日本人の食生活になじんでいます。

ハクサイ栽培の成功のポイントは、種まきの時期です。**早まきするとウイルス病などの病害が多発し、逆に遅まきだと結球しないので、8月下旬〜9月上旬に種まきをする**とよいでしょう。

また、アブラナ科野菜の連作障害を避けた畑づくりと、害虫対策も欠かせないポイントです。

ハクサイは、結球の形から結球種と半結球種に分けられます。さらに、結球種は、葉の先端が重なり合う抱被型と、重ならずに向かい合うようにして生長する抱合型とに分けられます。一般的には、抱被型品種が多くつくられています。

主な品種は、早生種では富風、かすみ、黄ごころ65など、中晩生種では、舞風、雪風、オレンジクイーン、彩明などがあります。

ほかには、半結球種の花心、栗原山東、小型のサラダなどもあります。

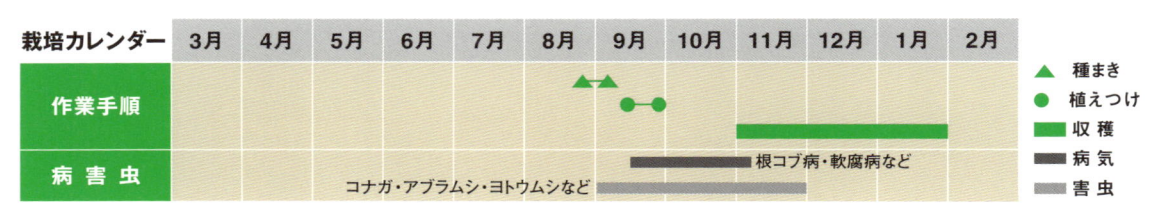

手順1 種まき

連結ポットで育苗する

9cm径ポットに培養土を入れ、1か所に4〜5粒ずつ種をまきます。

発芽してきたら、生育や葉形のよいもの3本を残して間引きます。本葉3〜4枚くらい（約20日後）になったら植えつけられます。

❶指で軽くくぼみをつけ種をまきます

❷発芽したら3本残して間引きます

手順2 畑づくり

植えつけ2週間前に畑づくり

植えつけ2週間前に、石灰150g/m^2を散布してよく耕します。1週間前になったら、畝幅60〜70cmとして、中央に深さ15cmくらいの溝を掘ります。

そこに堆肥2kg/m^2、化成肥料100g/m^2を入れ、土を戻して平らにして畝《うね》をつくります。

❶畝の中央に深さ15cmくらいの溝を掘ります

❷堆肥、化成肥料を入れます

❸溝を埋めて、レーキなどで表面をならします

手順 3 植えつけ

株間40〜45cmに植えつけ

苗の本葉が3〜4枚になったら、畝に株間40〜45cmで植え穴を掘ります。植え穴にたっぷりと水をやり、水が引いたら苗をポットから出して植えつけ、たっぷりと水をやります。

また、この時期はコナガ、アオムシなどの害虫が発生するので、寒冷紗などをトンネルがけして害虫の侵入を防ぐとよいでしょう。

❶ポットから外した苗を植え穴に入れます

❷軽く土を寄せて、苗の根元を手でおさえます

❸植えつけ後は、たっぷりと水をやります

手順 4 間引き・追肥・土寄せ

本葉5〜6枚で最初の間引き

苗の本葉が5〜6枚になったら、育ちのよい苗を残して2本にし、本葉8〜10枚で、育ちのよい苗を1本間引いて1本立ちにします。

成功するコツ

植えつけ後、約15日毎に化成肥料30g/m^2を追肥し、土寄せをして、生育を促します。

❶生育の悪い苗を引き抜いて2本立ちにします

❷株間に化成肥料を施します

❸くわで株元に土を寄せます

手順5 防寒作業

❶外葉を束ねます

初霜が降りたら防寒作業

霜の害を防ぐために、初霜が降りたら、外葉を束ねてひもで結びます。縛ることで結球した部分が守られ、寒さにも強いハクサイになります。

ただし、早めに行うと、中が害虫のすみかになってしまうので、必ず初霜が降りてから行うようにしましょう。

❷株の中心のあたりをひもで結びます

❸株の上部をひもで結びます

手順6 収穫（65〜70日後）

締まっているものから順次収穫

結球部分を手でおさえてみて、硬く締まっているものから、株元をナイフで切って収穫します。

収穫までの期間は、早生種で65〜70日、中晩生種で80〜100日くらいです。

余分な外葉を手で下におさえ、株元をナイフで切ります

ハクサイの病害虫対策

ハクサイは害虫と病気に弱く、高温や長雨だと病害が起こりやすくなります。

アブラムシ、コナガなどの害虫も多いので、見つけ次第殺虫剤を散布して防除を心がけましょう。

また、あらかじめCR郷風など病気に強い品種を選ぶのも効果的です。

★★★☆☆

キャベツ

アブラナ科

いろいろな品種を選べて収穫時期も幅広い

よくある失敗と対策

- 株が倒れてくる ☞ しっかりと土寄せする
- 秋まきでとう立ちする ☞ 種まき時期をかえる

- ▶オススメの品種／金系201号、つまみどりなど
- ▶連作障害／あり（1〜2年はあける）
- ▶コンテナ栽培／できない

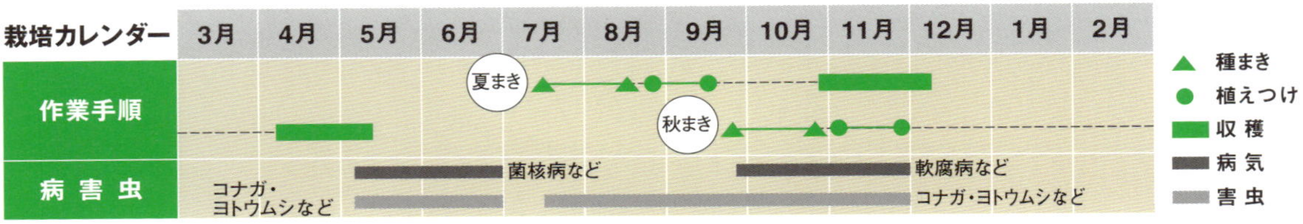

キャベツの特性と品種

とう立ちの心配がない夏まきがおすすめ

キャベツは、生食、加熱調理、漬け物など利用方法も幅広く、ビタミンCや胃腸障害に有効なビタミンUなどの栄養価も高い健康野菜として人気があります。

生育適温は20℃前後と冷涼な気候を好み、栽培時期は、**7月中旬〜8月中旬に種まき**して10月下旬から収穫する夏まきと、**9月下旬〜10月に種をまいて**翌年の4〜5月頃に収穫する秋まき栽培が可能です。ただし、本葉が10枚程度の大きさになると、低温で花芽ができ、気温の上昇とともにとう立ちします。秋まき栽培の場合には、植えつけ時の苗の大きさがポイントです。

また、害虫がつきやすいので、しっかりとした対策が必要です。

品種は、夏まきではつまみどり、金系201号など、秋まきでは涼嶺41号、迎春などがあります。また、葉が紫色のものや、葉が縮れているものなどもあります。

葉が紫色の紫キャベツ

手順 1 種まき

ポットまきで育苗

苗数の少ない家庭菜園では、ポットまきで育苗します。9cm径ポットに培養土を入れ、種を5～6粒まきます。

芽が出たら3本に間引き、本葉2枚で2本、本葉3～4枚で1本に間引きます。本葉5～6枚になったら植えつけ適期です。

❶指で5～6か所くぼみをつくります

❷くぼみに1粒ずつ種をまき、土をかぶせます

手順 2 畑づくり

元肥《もとごえ》をたっぷりと施す

アブラナ科の連作を避けて畑づくりをします。植えつけの2週間前に、石灰100g/m²を散布して耕します。

1週間前に、畝《うね》幅60cmとして、堆肥2kg/m²、化成肥料100g/m²を散布して、土とよく混ぜます。

幅60cmの畝をつくり、表面をレーキなどで平らに整えます。

❶畑に石灰を全面に散布し、よく耕します

❷堆肥、化成肥料を散布して、土とよく混ぜます

❸幅60cmの畝をつくり、平らにならします

手順 3 植えつけ

❶株間40cmに植え穴を掘ります

株間40cmで植えつけ

畝《うね》に株間40cmとして、苗よりも深めに穴を掘ります。植え穴にたっぷりと水を注ぎ、水が引いたら、ポットから苗を外し、穴に苗を深めに植えつけ、苗の根元を軽くおさえます。

植えつけ後は、たっぷりと水をやり、以降土が乾いたらたっぷりと水をやります。

❷植え穴に苗を植えつけ、根元を手で軽くおさえます

❸たっぷりと水をやります

手順 4 追肥・土寄せ（1回目）

❶畝間や株間に化成肥料を施します

本葉10枚で最初の追肥

夏まきの場合、植えつけ後本葉が10枚ぐらいになったら最初の追肥を行います。秋まきの場合は、2月下旬から3月上旬に行います。

畝と畝の間や株間に化成肥料30g/m^2を施します。

成功するコツ

追肥の後は、下葉に土がかからないように株元に土寄せをします。

❷くわで株元に土を寄せます

❸下葉に土がかぶらない程度にしっかりと土を寄せます

手順 5 追肥・土寄せ（2回目）

❶畝間に化成肥料を施します

結球したら2回目の追肥

2回目の追肥は、夏まきの場合は最初に追肥してから約20日後に行います。秋まきの場合は、生育がよすぎると春にとう立ちしやすくなるので、結球がはじまる頃に行います。

同量の化成肥料（30g/m²）を畝間に施し、土寄せをします。また、**根に新しい酸素を送るためにも、しっかりと土寄せをするとよいでしょう。**

成功するコツ

❷くわで株元にしっかりと土を寄せます

❸秋まきでは、結球がはじまった頃に追肥します

手順 6 収穫（90〜100日後）

硬く締まってきたら収穫

葉が結球して肥大し、手で押してみて硬く締まっていれば収穫適期です。

外葉を下におさえつけ、結球部分の根元をナイフで切って収穫します。

収穫後の残った外葉は、きれいに片づけましょう。

❶外葉を下におさえつけます

❷外葉を少し残して、結球の根元をナイフで切ります

キャベツの病害虫対策

キャベツは必ずといってよいほど害虫被害の多い野菜です。主な害虫は、ヨトウムシ、アオムシ、コナガなどで、いずれも発見早期に取り除くか、BT剤を散布して駆除します。また、アブラムシにはマラソン乳剤を散布します。

また、ベタがけ資材などでトンネル栽培をしてもよいでしょう。

春先には菌核病も起こしやすいので、トップジンMを散布して予防します。

★★★☆☆

アブラナ科

メキャベツ

小さい結球が見た目にもかわいい

よくある失敗と対策

失敗	対策
株が倒れてくる	しっかりと土寄せする
うまく結球しない	摘葉をしっかりと行う

- ▶オススメの品種／早生子持、子持など
- ▶連作障害／あり（1～2年はあける）
- ▶コンテナ栽培／できる（深さ30cm以上）

栽培カレンダー	3月	4月	5月	6月	7月	8月	9月	10月	11月	12月	1月	2月
作業手順					▲▲	●	●		━	━	━	━
病害虫					━	━	━	━	アブラムシ・コナガ・アオムシ			

▲ 種まき　● 植えつけ　━ 収穫　━ 病気　━ 害虫

メキャベツの特性と品種

高温に弱いため夏まきで育てる

メキャベツは、長く伸びた茎に、ミニチュアのキャベツのようなたくさんのわき芽が結球する、キャベツの変種です。

生育適温は13～15℃と、キャベツよりも寒さに強いのですが、暑さには特に弱く、高温下ではうまく結球しません。

そのため、栽培時期は7月中旬～下旬に種をまき、11月中旬頃から翌年にかけて収穫する夏まき栽培となります。栽培方法は夏まきキャベツとほとんど同じですが、キャベツよりも生育が遅く、茎が長いため、風害に弱いなど、栽培には注意が必要です。具体的には、茎の太さが4～5cm以上になっているのが望ましいので、結球するまでにしっかりとした茎に育てることが、成功のポイントです。

品種は少なく、早生子持や子持、ファミリーセブン、プチヴェールなどがよくつくられています。

比較的栽培しやすい早生子持

手順1 植えつけ・追肥・土寄せ

植えつけ後20日で追肥

種まきから植えつけまでは、キャベツ（P.180）を参考に行います。植えつけの約20日後に、株間に化成肥料30g/m^{2}を追肥し、土寄せします。以降2～3週間おきに3回追肥を行います。

大きくなると株が倒れやすくなるので、2回目以降はたっぷりと土を寄せて、株を安定させましょう。

❶畝間や株間に化成肥料を施します

成功するコツ

❷下葉に土がかぶらない程度にしっかりと土を寄せます

手順2 摘葉

わき芽を摘み取る

茎に小さな結球（わき芽）が出てきたら、**日当たりをよくするために、下のほうの葉を順次摘み取ります。**最終的に、上のほうの葉10枚ぐらいを残し、その下の葉をすべて摘葉していきます。

❶下の葉を摘み取ります

成功するコツ

❷摘葉をすると日当たりがよくなり、生長を促します

手順3 収穫（110日後）

直径2～3cmで収穫

結球が2～3cmぐらいの大きさになったら、下のほうから順次収穫します。その際、葉が開いているような育ちの悪いものは、一緒に摘み取るようにしましょう。

適期のものから、結球の根元をはさみで切り取ります

メキャベツの病害虫対策

メキャベツの病害虫も、キャベツと同様でアブラムシ、アオムシ、コナガなどの害虫が発生します。

いずれも発見早期に取り除くか、BT剤を散布して駆除します。また、アブラムシにはマラソン乳剤を散布します。

べたがけ資材などでトンネル栽培をしてもよいでしょう。

★★★☆☆

セロリ

セリ科

上手に育てられたら家庭菜園上級者

よくある 失敗 と 対策

- 葉柄が白くならない ☞ 株を覆って遮光する
- 育ちが悪い ☞ 水やりしてマルチを張る

▶オススメの品種／コーネル619号など
▶連作障害／あり（3〜4年はあける）
▶コンテナ栽培／できる（深さ20cm以上）

栽培カレンダー	3月	4月	5月	6月	7月	8月	9月	10月	11月	12月	1月	2月
作業手順（植えつけ）					●—●							
作業手順（収穫）								━━	━━			
病害虫（病気）							━━	━━	━━ ウイルス病・葉枯病			
病害虫（害虫）					━━	━━	━━	━━ アブラムシ				

● 植えつけ　■ 収穫　■ 病気　■ 害虫

セロリの特性と品種

家庭菜園ではミニセロリが栽培しやすい

　セロリは特徴的な香りと歯触りのよさから、サラダなどの生食はもちろん、煮込みや炒め物など、幅広く利用される香味野菜です。

　生育適温は15〜20℃と冷涼な気候を好みます。逆に25℃以上の高温条件では生育不良になり、病害が発生してきます。

　また、有機質が豊富で適度に湿っている土壌を好み、乾燥には弱い野菜です。

　種まきから収穫まで5〜6か月を必要として、低温条件で花芽分化するため、5〜6月頃に種をまき10月下旬以降に収穫する「初夏まき・秋冬どり」が基本です。軟白栽培されたものが主流ですが、家庭菜園では軟白させずに早どりするミニセロリもおすすめです。

　主な品種は、コーネル619号、トップセラーなどですが、キンサイ（芹菜、スープセロリ）もつくりやすい品種です。また、セルリアク（根セロリ）という、肥大した根を食用にする品種もあります。

大きさ太さなどさまざまな品種があります

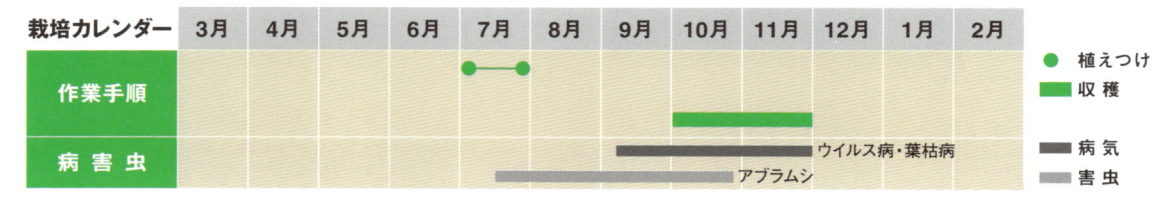

手順1 土づくり

❶石灰を散布して耕した畑に、堆肥と化成肥料を施してよく耕します

元肥《もとごえ》はたっぷりと施す

植えつけ2週間前に、石灰150～200g/m^2を畑に全面散布してよく耕します。1週間前に堆肥4～5kg/m^2、化成肥料150g/m^2を散布し、土とよく混ぜます。

植えつけ前に幅80～100cm、高さ20cmの畝《うね》(1条植えの場合は畝幅60cm)をつくります。

❷幅約80cm、高さ20cmの畝をつくります

手順2 植えつけ

❶ハリのある元気な苗を選びます

気温の高くなる7月に植えつける

植えつけは7月頃に行います。本葉が6～7枚で、葉や茎にハリのあるものを購入します。株間は25～30cm、条間を45cmで穴を掘り、水をたっぷりと入れ、水が引いたら苗を浅めに植え、株の根元を両手で軽くおさえます。

植えつけ終わったら**たっぷりと水をやり、以降土が乾かないようこまめに水をやります。**

成功するコツ

❷株間25～30cm、条間45cmで、鉢根より浅めの穴を掘り、たっぷりと水を入れます

❸水が引いたら苗を穴に入れ、軽く土を寄せて株元を軽くおさえます

手順 3 敷きわら

敷きわらで乾燥を防止

乾燥と土のはね上がりを防ぐために、敷きわらをします。

また、特に雑草の多い畑の場合は黒マルチをするとよいのですが、地温が高くなりすぎないように、マルチの上にさらに敷きわらをすると効果的です。

❶条間にたっぷりとわらを入れます

❷両側にも同じようにわらを入れます

手順 4 追肥

最初に1回、後は2週間おきに追肥

セロリの追肥は、2〜3回に分けて行います。1回目は、植えつけの20日後に行い、2〜3回目は30日おきに、株の根元か株間に化成肥料を施します。

1回に施す化成肥料の分量は、約30g/m²とします。

❶追肥は、敷きわらのすき間の株間に行います

❷化成肥料を追肥します

手順 5 軟白

❶株全体を厚手の紙などですっぽりと覆います

❷上下2か所ぐらいをひもでやさしく結びます

光を当てずに軟らかく育てる

市販のセロリのように、茎を白くしたい場合には、光を当てない軟白栽培を行います。光を当てないことで、軟らかくまっすぐに育てることができます。

具体的には、20～30cmぐらいの大きさになったら、**株全体を水濡れに強い厚手の紙や段ボールなどで覆って栽培します。**

手順 6 収穫（80～90日後）

❶紙を外し、茎と葉をおさえ、株元をナイフで切ります

❷軟白させると白くまっすぐ育ち、させないと緑色で横に広がります

ほどよい大きさで株ごと収穫

セロリの収穫期は、植えつけ後約80～90日です。一般的には、第一節の長さが20cm以上になったものが収穫適期です。草丈20cmぐらいのミニセロリを収穫しても、軟らかくておいしくいただけます。

ただし、収穫が遅れるとす入りの原因となるので注意しましょう。

セロリの病害虫対策

夏場の気温の高い時期に、黒色心腐れ（石灰欠乏）が出やすいので、塩化カルシウム200倍を1週間おきに散布します。

特に6～7月の梅雨時期と、その後の高温期（8月頃）に病害虫が発生しやすくなります。

主な病気は葉枯病で、葉枯病にはビスダイセン水和剤400倍、アブラムシにはDDVP1,000倍を散布し、防除します。

★★☆☆☆

ラッキョウ ユリ科

栽培期間は長いが やせ地でもよく育つ

よくある失敗と対策

失敗		対策
芽が出ない	☞	芽を上向きにして植えつけ
分球が少ない	☞	植えつけの深さを5～6cmにする

- ▶オススメの品種／特になし
- ▶連作障害／あり(2～3年はあける)
- ▶コンテナ栽培／できる(深さ15cm以上)

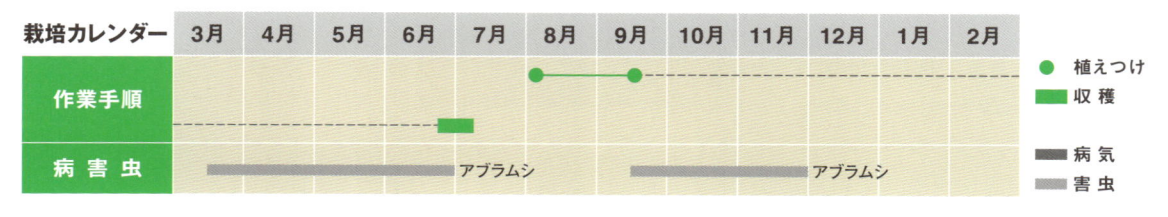

栽培カレンダー	3月	4月	5月	6月	7月	8月	9月	10月	11月	12月	1月	2月
作業手順					収穫	植えつけ	植えつけ					
病害虫					アブラムシ					アブラムシ		

● 植えつけ　■ 収穫　■ 病気　■ 害虫

ラッキョウの特性と品種

長期計画を立てて栽培する

ラッキョウは、タマネギと同様に鱗片《りんぺん》が肥大し球状になったものです。シャキシャキとした歯触りと、独特の香りで漬け物に利用されています。

梅とほぼ同時期に収穫を迎え、その時期だけ売られる季節の野菜といった感じです。

草勢が旺盛なので、乾燥した土や日陰、やせた土地でも栽培することができ、あまり手をかけずに育てられます。水はけが悪いと球が腐るので、水はけのよい土で育てましょう。

8月上旬～9月中旬に球を植えて翌年に収穫する2年子と、小さい球が好まれ2回冬越しをして収穫する3年子の栽培方法があります。

また、繁殖は、種ができないので鱗茎《りんけい》で増やします。7月下旬頃から園芸店などに種球が出回るので、購入して栽培します。種球を購入する際のポイントは、無病で大球、首のしまりのよいものを選ぶことです。

主な品種には、らくだ(ラッキョウの代表的な品種で大球)、八房(らくだと玉ラッキョウの中間種、収量が少ない)、玉ラッキョウ(台湾から導入された品種、小球で色白)などがありますので、各地域で売っているものを選びましょう。

手順1 畑づくり・植えつけ

2球ずつ植えつける

畝《うね》幅50cmとして石灰100g/m^2、堆肥2kg/m^2、化成肥料100g/m^2を全面散布してよく耕します。株間20cmとして、1か所に2球の1条植えにします。植えつけの**深さは5cmで芽を上に向けて軽く覆土します。**大球をつくりたいときは1球、小球をとりたいときは3～4球を植えます。植えつけ後に水やりします。

❶畝に株間20cm、深さ5cm程度の穴を掘ります

成功するコツ

❷芽を上に向け、1か所に2球ずつ植えつけます

❸軽く土をかぶせて、手でおさえます

手順2 追肥・土寄せ

植えつけ1か月後に最初の追肥

球肥大や分球を促進するために、植えつけ約1か月後から月に1回、化成肥料30g/m^2を畝間に追肥し、土寄せします。春先までの生育が遅いので、雑草が生い茂る時期は草に負けないように除草し、球が隠れる程度に土寄せを行います。球を浅いままにしておくと、緑化して品質の低下につながります。

❶畝と畝の間に化成肥料を追肥します

❷くわで株元に土を寄せます

❸球が隠れるように土寄せをします

手順3 収穫（11か月後）

茎が枯れたら収穫

植えつけから1年後の6月頃から葉が枯れはじめるので、地上部が枯れたら収穫適期です。

晴天の日に株ごと収穫し、風通しのよい場所で乾燥させます。

茎を持って引き抜いて収穫します

ラッキョウの病害虫対策

ラッキョウは、病害虫の少ない野菜ですが、葉に灰色のかびが生える灰色カビ病や白色疫病、アブラムシ、ネダニなどの病害虫が発生することがあります。病気は早期にジマンダイセン水和剤600倍散布をして被害を食い止め、害虫は取り除くか、オルトラン粒剤を散布してしっかりと駆除しましょう。

★★★★★

ユリ科

アスパラガス

うまく育てれば 10年は収穫できる

よくある失敗と対策

失敗		対策
株が倒れてくる	☞	支柱を立てる
新芽が出てこない	☞	収穫の際に何本か残して収穫

- ▶オススメの品種／ウェルカムなど
- ▶連作障害／なし
- ▶コンテナ栽培／できない

栽培カレンダー	3月	4月	5月	6月	7月	8月	9月	10月	11月	12月	1月	2月
作業手順（植えつけ）	●	●										
作業手順（収穫）		■	■	■	（3年目から）							
病害虫（病気）		■	■	■	■	■	■	■	茎枯れ病			
病害虫（害虫）			■	■	■	■	■	■	ヨトウムシなど			

● 植えつけ　■ 収穫　■ 病気　■ 害虫

アスパラガスの特性と品種

じっくり育てて3年後に収穫する

アスパラガスは、野菜の中では珍しく、1回植えると10年ぐらいは収穫できる永年性の野菜です。冬になると上部が枯れ、春になって出てくる新芽を利用します。

栽培には、種から育苗する方法と、市販苗を植えつける方法がありますが、種から育てるのは難しく、植えつけるまでに1年もかかることがあります。家庭菜園では市販苗の購入をおすすめします。

植えつけは、3～4月の春植えが一般的ですが、初霜の頃の秋植えもできます。

主な品種は、メリーワシントンやアクセル、ウェルカム、シャワー、グリーンタワーなどです。しかし、近年では草勢が強く品質のよい改良種や、耐病性のある品種がつくられています。

草勢が強く、耐病性のある品種がおすすめ

手順1 畑づくり・植えつけ

植えつけ後に土寄せする

植えつけ2週間前に、石灰100g/m²を散布して耕します。1週間前に畝《うね》幅60cmで中央に深さ20cmの溝を掘り、堆肥2kg/m²と化成肥料100g/m²を散布して土を戻し、平畝をつくります。株間30cmで穴を掘り、苗を植えつけます。植えつけ後は土寄せしてたっぷりと水をやり、乾燥が続くときには水やりします。

❶ポットから外した苗を、株間30cmで植えつけます

❷苗の根元にしっかりと土寄せをして、水をやります

手順2 追肥・支柱立て

夏に支柱立て、秋に株を切る

追肥は春と初夏に、株元に堆肥2kg/m²を追肥して土寄せします。草丈が伸びてくると、夏場に葉が茂ってきて株が倒れてきます。倒れたままにすると、枯れてしまうので、大きくなったら支柱をたてます。**株の4隅に支柱を立て、支柱の中央のあたりにひもを張って株が倒れるのを防ぎます。**

❶株の根元に堆肥を追肥して土を寄せます

成功するコツ

❷葉が茂ってきたら、支柱を立て、ひもを張ります

手順3 刈り取り・収穫

成功するコツ

葉が枯れたら切り取る

秋に葉が黄色く枯れてきたら、株元から切り取って堆肥をかぶせます。収穫は植えつけから3年目の春に出てきた新芽を収穫し、収穫後は追肥をします。また、**新芽は何本か残しておくと翌年の収穫量が増えます。**

❶葉が枯れたら、株元から切り取ります

❷たっぷりと堆肥をかぶせておきます

アスパラガスの病害虫対策

アスパラガスは、長雨や排水不良などで土壌が過湿になると、斑点病や茎枯れ病などが発生します。排水のよい畑を選び、水のやりすぎなどに注意しましょう。

害虫はヨトウムシ、マメコガネ、ナメクジなどがつくので、注意して取り除いたり、オルトラン粒剤を散布して駆除に努めましょう。

★★★★★

モロヘイヤ

シナノキ科

豊富な栄養と栽培しやすさが人気

よくある失敗と対策

失敗	対策
花が咲いて生長しない	種まき時期を早める
葉に元気がない	追肥をしっかりと行う

- ▶オスススメの品種／特になし
- ▶連作障害／なし
- ▶コンテナ栽培／できる（深さ30cm以上）

栽培カレンダー

	3月	4月	5月	6月	7月	8月	9月	10月	11月	12月	1月	2月
作業手順			▲―▲		━	━	━					
病害虫				━	━	━	━ ハダニなど					

▲ 種まき　■ 収穫　■ 病気　■ 害虫

モロヘイヤの特性と品種

暑さに強く、真夏でも栽培できる

　モロヘイヤはインド西部〜亜熱帯アフリカが原産といわれ、古くからエジプトを中心とした中近東でつくられている一年生の葉菜類です。ビタミンやミネラルを豊富に含む葉と、軟らかい茎を食用とし、刻むと独特の粘りがあります。

　このぬめりの成分のムチンは、現代人を苦しめる生活習慣病の予防に効果があるとされていることから、健康野菜としても人気があります。また、栄養価が高いことから、古くはエジプト王の病気を治したといわれ、名前もアラビア語で「王家の野菜」という意味があります。

　高温性で、真夏でもよく育つため、葉菜の育てにくい夏期には貴重な存在といえます。逆に低温には弱く、10℃以下では生育が衰えてきます。

　また、日が短くなると開花して品質が低下します。土質は特に選びませんが、栽培期間が長いので、有機質を多めに施した畑に植えます。

　日本に導入されてから歴史が浅いため、品種は特にありませんが、近年では草丈の低いもの、株分かれのよいものなど品種改良が行われています。栽培する際は「モロヘイヤ」と表示されている市販種子を購入します。

手順 1 畑づくり・種まき

元肥《もとごえ》をたっぷりと

種まき2週間前に石灰100g/m^2を全面散布して耕し、1週間前に堆肥2～3kg/m^2、化成肥料100g/m^2を散布して土とよく混ぜます。

種まき直前になったら、幅60cm、高さ10cmの畝《うね》をつくります。

❶石灰を散布してよく耕します

❷堆肥、化成肥料を散布し、土とよく混ぜて畝をつくります

手順 2 種まき・間引き・追肥

成功するコツ

月に2回は追肥

種まきは温度が高くなる5月上旬以降、株間30cm、1か所に8～10粒の点まきにし、土をかぶせて水をやります。以降、最低でも週に1回は水をやります。

発芽して混み合ってきたら3本に間引き、本葉2～3枚で1本に間引きます。以降、**葉色を見ながら月に2回くらい、化成肥料30g/m^2を追肥します。**

❶株間30cmで深さ2～3cmのくぼみをつくり、1か所に8～10粒の種をまきます

❷土をかぶせ、表面を手で軽くおさえて水をたっぷりやります

手順 3 収穫（80日後）

わき芽を伸ばしながら収穫

草丈が40～50cmになったら、葉先から10～15cmぐらいを、手で折って収穫します。

次々にわき芽が伸びますので、収穫しながら管理しやすい60～80cmくらいの草丈に整えます。

葉先から10～15cmを手で摘み取ります

モロヘイヤの病害虫対策

モロヘイヤの病害虫で多いのが、ハダニやイモムシなどの害虫です。

ハダニには、アカール1,000倍を散布し、風通しをよくして駆除します。イモムシはこまめに観察して、見つけ次第取り除いて駆除しましょう。

★☆☆☆☆

ミツバ セリ科

簡単に栽培できて収穫後もどんどん育つ

よくある失敗と対策

失敗	対策
発芽がふぞろい	覆土を浅くして土を乾かさない
株が枯れてしまう	連作をしない

- ▶ オススメの品種／大阪白茎ミツバなど
- ▶ 連作障害／あり（3〜4年はあける）
- ▶ コンテナ栽培／できる（深さ20cm以上）

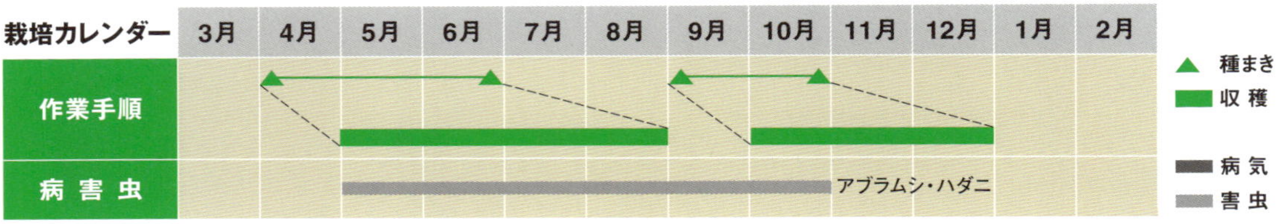

ミツバの特性と品種

覆土は薄く、発芽するまで乾燥を避ける

ミツバは日本原産の多年生で、生長すると草丈は50〜60cmになります。

日当たりの悪い場所でもすくすくと育ちますが、霜には弱く、強い光や高温下の条件では生長が悪くなっています。

発芽適温は20℃前後で、種まきは、4〜6月、9〜10月に行います。発芽には光が必要なため、覆土は薄くする必要があります。連作を行うと株が枯れるなどの連作障害が起こります。また、土壌乾燥は、発芽不良や発芽後の生育不良の原因となるため、栽培の際には注意が必要です。

品種は、大阪白茎ミツバ、関西白茎ミツバなどがありますが、栽培方法により、根株を育てて軟化させた軟化ミツバ、畑で土寄せして軟化させた根ミツバ、軟化させず短期間で栽培する青ミツバなどに分けられます。

一般に東日本では軟白栽培したミツバが栽培され、西日本では青ミツバ（糸ミツバ）が多く栽培されていました。近年では全国的に青ミツバが広く栽培されるようになりました。

家庭菜園では、育てやすい青ミツバがおすすめですが、香りの強い根ミツバを栽培してもよいでしょう。

手順1 畑づくり・種まき

土が乾かないように注意する

種まき2週間前に石灰100g/m^2を散布して耕し、1週間前に堆肥2kg/m^2、化成肥料100g/m^2を散布して土とよく混ぜます。種まき直前に幅45～50cm、高さ10cmの畝《うね》をつくります。深さ1cm弱の浅い溝を15cm間隔で2列つけ、種をまき、**薄く土をかぶせて水をやります。以降、土が乾いたら水をやります。**

❶畝に深さ1cm弱の浅い溝を2列つけ、種をまきます

成功するコツ

❷ごく薄く土をかぶせ、手で軽くおさえ、たっぷりと水をやります

手順2 間引き・追肥・土寄せ

3cm間隔の間引きと2回の追肥

発芽して本葉2～3枚で株間3cm程度に間引きます。本葉4～5枚になったら、化成肥料30g/m^2を追肥して土寄せします。2回目の追肥は、草丈が10cmぐらいの大きさになったら、同量の化成肥料を追肥して土寄せします。

❶育ちの悪い苗を間引きます

❷苗を間引いて、株間を3cm程度にします

手順3 収穫（40～50日後）

収穫後に追肥して再生を促す

草丈15～20cmになったら、株の根元を4～5cm残し、切り取って収穫します。

収穫後は、追肥、土寄せをして再生を促します。1株で約3回は刈り取れるようにしましょう。

❶根元を4～5cm残して切り取ります

❷収穫後に追肥、土寄せを忘れないこと

ミツバの病害虫対策

ミツバの病害虫は、ベト病、立枯病、根腐病やアブラムシなどが一般的です。薬剤散布や、病気になった株をすぐに取り除くなどして防除しましょう。

特に害虫のアブラムシは、病気を媒介する原因となるので、取り除いたり、薬剤を散布するなどして徹底して駆除しましょう。

★☆☆☆☆

パセリ セリ科

わずかなスペースでも気軽につくれる

よくある失敗と対策

- 葉が黄色くなった → 肥料と水をしっかり与える
- 生育が悪くなった → 10枚以上の葉を残して収穫する

- ▶オススメの品種／パラマウント系品種など
- ▶連作障害／あり（1～2年はあける）
- ▶コンテナ栽培／できる（深さ20cm以上）

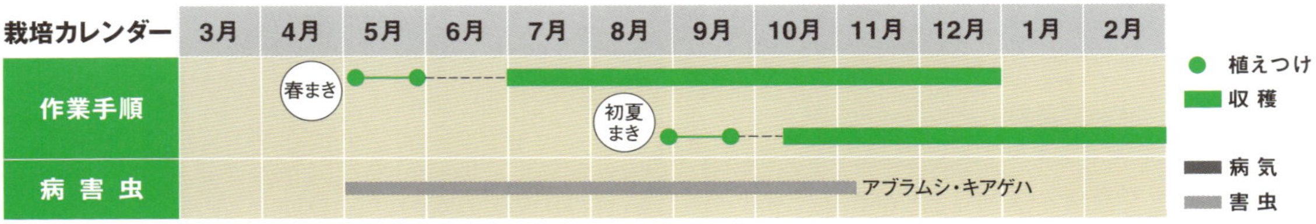

パセリの特性と品種

初夏に植えつければ夏には収穫できる

パセリは、ヨーロッパ南部やアフリカ北部などの地中海沿岸が原産といわれ、ギリシャ、ローマ時代から薬用や香辛料として利用されてきた香味野菜です。

また、栄養も豊富で、ビタミンA、B、Cやミネラルが多く、健康野菜としても人気があります。サラダや料理の添え物として生食で利用されることの多いパセリですが、天ぷらやごま和えなどにしてもよく合います。

栽培は比較的簡単で、日当たりと排水がよく通気性にすぐれた土づくりをすれば、庭の端でも十分に育ちます。15～20℃と低温を好み、5月に植えつけて7月から収穫する春まき栽培と、暑い時期を苗で越させ10月頃から収穫する初夏まき栽培が一般的です。

主な品種は、葉の縮れている縮葉種の中里パラマウント、USパラマウント、グランドなどですが、ヨーロッパではイタリアンパセリなど、葉の縮れていない平葉種が一般的です。

平葉種のイタリアンパセリ

手順1 畑づくり・植えつけ

有機質を多めに浅めに植えつける

植えつけ2週間前に石灰100g/m²を散布して深めに耕し、1週間前に堆肥2kg/m²、化成肥料100g/m²を散布して耕します。幅30〜40cm、高さ10cmの畝をつくり、株間20cmの穴を掘って水を入れ、水が引いたら苗を浅めに植えつけて株元を軽くおさえます。植えつけ後はたっぷりと水をやります。

❶畝に株間20cmに植え穴を掘り、水をたっぷりと入れます

❷たっぷりと水をやります。

手順2 追肥・土寄せ

月に1〜2回は追肥する

植えつけ後、月に1〜2回程度の頻度で追肥します。具体的には、化成肥料30g/m²を株の根元に施し、くわなどで軽く土寄せします。

また、 土が乾燥しやすい場合には、敷きわらをすると乾きにくくなり、生育もよくなります。黒マルチでマルチングしてもよいでしょう。

❶株の根元に化成肥料を施します

❷くわなどで株の根元に土を寄せます

手順3 収穫（60日後）

成功するコツ

本葉15枚以上で収穫

本葉が15枚以上に育ったら収穫できます。**1株当たり2〜3葉として、縮れのよい外葉から摘んで収穫します。**収穫をした後も、月に1〜2回の頻度で追肥、土寄せを行いましょう。肥切れすると生育不良の原因となります。

株をおさえ、外葉から必要なだけ摘み取ります

パセリの病害虫対策

パセリはキアゲハの幼虫やアブラムシなどの害虫がよく見られます。害虫がつくと2〜3日で葉が食べ尽くされてしまうこともあります。

春や秋の発生期になったら、DDVP1,000倍を散布するか、見つけ次第取り除いて駆除しましょう。

ウドンコ病にはカリグリーン水和剤800倍を散布します。

★★☆☆☆

コールラビ アブラナ科

見た目がおもしろく 食味もよい西洋野菜

よくある失敗と対策

- 球が肥大しない ☞ **間引きして株間を15～20cmにする**
- 球が割れる ☞ **適期に収穫をする**

▶ オススメの品種／グランドデュークなど
▶ 連作障害／あり（1～2年はあける）
▶ コンテナ栽培／できる（深さ15cm以上）

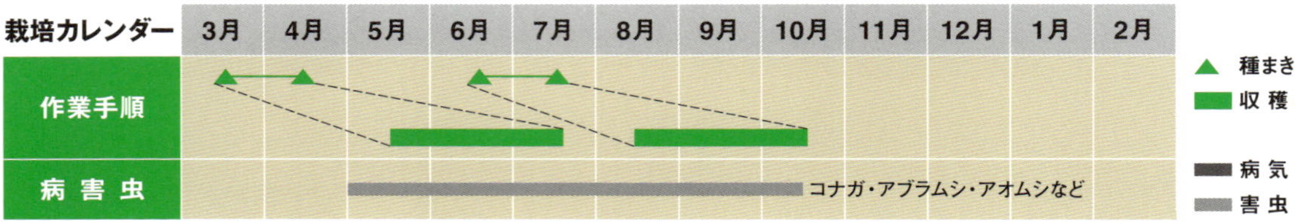

手順1 種まき

春か夏に種まき

種まき2週間前に畝《うね》幅60cmとして石灰100g/m²を、1週間前に堆肥2kg/m²、化成肥料100g/m²を散布して耕し、高さ10cmの平畝をつくります。

株間20cmで1か所に4～5粒の種をまき、薄く土をかけ、水をやります。本葉1～2枚で2～3株に、本葉3～4枚で1株に間引きます。乾燥に弱いので敷きわらをして乾燥を防ぎます。

手順2 栽培管理・収穫（60～70日後）

成功するコツ

直径5～6cmになったら収穫

茎が肥大し本葉10枚ぐらいになったら、3株に1握りの化成肥料を株周りにまき、両側から土寄せを行います。

茎球の直径が5～6cm程度になったら、引き抜いて収穫します。根と葉を切り落として利用します。**収穫が遅くなると、硬くなって品質が悪くなるので気をつけます。**

コールラビの病害虫対策／アオムシ、アブラムシ、コナガ、ヨトウムシなどの害虫被害に気をつけます。見つけ次第取り除くか、薬剤を散布してしっかりと防除しましょう。

★☆☆☆☆

ツルムラサキ

ツルムラサキ科

病害虫の心配もなく どんどん育つ

よくある失敗と対策

失敗		対策
育ちが悪い	☞	水と肥料を施す
食べると硬い	☞	つる先15cmまでを収穫

- ▶オススメの品種／特になし
- ▶連作障害／あり（2～3年はあける）
- ▶コンテナ栽培／できる（深さ20cm以上）

栽培カレンダー	3月	4月	5月	6月	7月	8月	9月	10月	11月	12月	1月	2月
作業手順		▲―	▲ ●―●	――	――	――	――	――				
病害虫	とくに心配ありません											

▲ 種まき
● 植えつけ
▬ 収穫

手順1 種まき

一昼夜水に浸した種をまく

植えつけ2週間前に石灰150g/m^2を、1週間前に堆肥2kg/m^2、化成肥料100g/m^2を散布してよく耕します。4月下旬～5月上旬に10.5cm径のポットに一昼夜水に浸した種を2粒ずつまきます。発芽後、双葉が展開したら間引いて1本立ちとします。本葉が3～4枚になる5月中～下旬に幅100～120cm、高さ15cmの畝に、株間30cmの2条植えにします。

手順2 栽培管理・収穫（50日後）

成功するコツ

本葉6枚に摘心する

つるが伸びはじめる前（草丈20～30cmくらい）に支柱を立てて誘引します。本葉6枚を残して摘心します。 生長してきたら敷きわらをします。**つるの先端から15cmくらいを収穫します。**

収穫後、月に2回化成肥料を30～40g/m^2施し、軽く土寄せを行います。また、若どりが基本で、収穫が遅くなると品質が悪くなります。

ツルムラサキの病害虫対策／病害はほとんどありませんので無農薬栽培も十分可能です。ただし、アブラムシが発生した場合は、エルサン乳剤1,000倍を散布します。

★☆☆☆☆

シソ

シソ科

手間いらずで育ちも早く 初心者でもつくりやすい

よくある失敗と対策

失敗		対策
芽が出ない	☞	覆土を薄くし水をしっかり与える
葉が硬い	☞	早めに収穫する

▶ オススメの品種／青ちりめん、赤ちりめん
▶ 連作障害／なし
▶ コンテナ栽培／できる（深さ15cm以上）

栽培カレンダー	3月	4月	5月	6月	7月	8月	9月	10月	11月	12月	1月	2月
作業手順		▲	▲	━	━	━	━	━				
病害虫				━	━	━	━	━	アブラムシ・ハダニ			

▲ 種まき　━ 収穫　━ 病気　━ 害虫

手順1 種まき

間隔をあけて種をまく

種まきは4月、じかまきと、ポットまきして植えつける方法とがあります。じかまきでは、種まきの2週間前に石灰100g/m²を、1週間前に堆肥2kg/m²、化成肥料100g/m²を畑全面に散布してよく耕します。幅60cmの平畝《うね》をつくり、株間15〜20cmの点まきにします。ポットまきの場合は、ポットに5〜6粒ずつ種をまきます。

手順2 収穫（60日後）

成功するコツ

30〜40cmに育ったら収穫

草丈が30〜40cmになったら、必要な分だけ収穫します。穂ジソはひとつの穂の1/3が開花した頃が収穫適期です。収穫した葉のつけ根からわき芽が伸びてきます。青ジソの場合、分枝性がよいのでどんどん伸ばし、収量を増加させましょう。肥料が切れると葉が小さくなるので、月に1〜2回、60g/m²の化成肥料を散布します。

シソの病害虫対策／シソは害虫がつきやすいので注意します。ハダニにはアカール1,000倍を散布します。また、アブラムシにはスミチオン1,000倍を散布します。

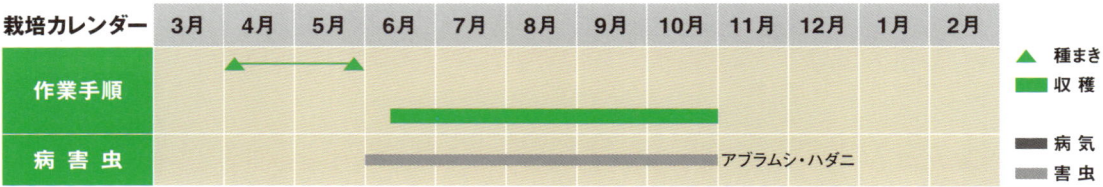

★★★★☆

ミョウガ

ショウガ科

わずかなスペースでも しっかりと育つ

よくある失敗と対策

失敗		対策
収穫量が減った	☞	植えかえか間引きをする
花が咲いてスカスカに	☞	適期に収穫する

▶ オススメの品種／特になし
▶ 連作障害／あり(1～2年あける)
▶ コンテナ栽培／できる(深さ30cm以上)

栽培カレンダー	3月	4月	5月	6月	7月	8月	9月	10月	11月	12月	1月	2月
作業手順	●	●		(2年目から)	夏ミョウガ ▬	▬	秋ミョウガ ▬	(2年目から)				
病害虫						特に心配ありません						

● 植えつけ
▬ 収穫
▬ 病気
▬ 害虫

手順1 植えつけ

3～4月に植えつける

石灰100g/m²を全面散布して耕し、堆肥2kg/m²、化成肥料100g/m²を散布して耕した畑に、幅40cm、高さ10cmの畝をつくります。

中央に深さ10cm弱の溝を掘り、種かぶを株間15cmで植えます。軽く土をかぶせ、水をやります。

発芽後、本葉が4～5枚になったら敷きわらをして乾燥を防ぎます。

手順2 栽培管理・収穫

成功するコツ

梅雨明け前と初霜の頃に追肥

追肥は、梅雨が明ける前と初霜の頃に行います。化成肥料30g/m²を施して、土寄せします。

植えつけた年は収穫できませんが、翌年の夏頃に出てきた蕾《つぼみ》を引き抜いて収穫します。

収穫が遅れると花が咲き品質が悪くなりますので、花が咲く前の収穫を心がけましょう。また、3年目以降は、収穫量も増えてきます。

ミョウガの病害虫対策／ミョウガはあまり病害虫の心配がありませんが、肥切れや長雨などによって葉枯病や、いもち病が発生しますので、追肥と畑の排水に注意しましょう。

★☆☆☆☆

チンゲンサイ

アブラナ科

丈夫で育てやすい 家庭菜園向きの人気野菜

よくある失敗と対策

失敗	対策
とう立ちしてしまう	適期に種をまく
株が太くならない	間引きをして株間を広げる

- ▶オススメの品種／青帝チンゲンサイなど
- ▶連作障害／あり（1～2年はあける）
- ▶コンテナ栽培／できる（深さ20cm以上）

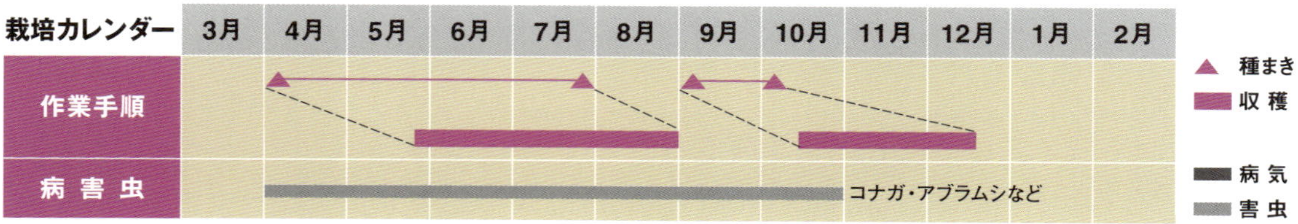

チンゲンサイの特性と品種

春まきか秋まきが育てやすい

日本でもすっかり定着したチンゲンサイは、20℃前後の冷涼な気温が生育に最適です。比較的暑さにも強く、また病気にも強いうえに土壌適応性も幅広いので、まさに家庭菜園向きの野菜です。

4月上旬～10月上旬までならいつでも種まきでき、春か秋に種をまけば、45～50日、夏まきなら35～40日程度で収穫することができます。ただし、早春の栽培では、**低温で花芽が分化し、とう立ちしやすいので注意が必要です。**

畑は根コブ病の発生を避けるためにも、アブラナ科の野菜（コマツナ、コカブ、ハクサイ、キャベツ、ブロッコリーなど）の連作に注意して選びます。

主な品種は、草丈が20cmぐらいに生長する青帝チンゲンサイ、長陽、しんとくなどです。最近では草丈が10～15cm程のミニチンゲンサイ、クーニャンという品種も人気があります。

通常品種（右）のほかにミニ品種（左）も人気

手順1 畑づくり・種まき

条間15〜20cmのすじまき

種まき2週間前に石灰100〜150g/m²を散布して耕します。1週間前に堆肥2kg/m²と化成肥料100g/m²を施し、土とよく混ぜて高さ10cmの畝《うね》をつくり、表面を平らにならします。種まきは、条間15〜20cmのすじまき（株間15cmで4〜5粒の点まきでも可）にします。覆土後にたっぷりと水やりします。

❶畝に条間15〜20cmに棒で2本の溝をつけ、重ならないように種をまきます

❷軽く土をかぶせて、たっぷりと水をやります

手順2 間引き・追肥

成功するコツ

本葉1〜2枚で最初の間引き

発芽後、本葉1〜2枚で株間3〜4cm、本葉3〜4枚で6〜8cm、**本葉5〜6枚で15cmくらいに間引きます。**

間引き後は生育を見ながら化成肥料を少量ずつ条間に施し、軽く根元に土寄せします。また、間引いたものは間引き菜として、サラダやみそ汁の具などに利用しましょう。

❶本葉1〜2枚で、株間3〜4cmになるように苗を間引きます

❷間引き後に軽く土を寄せます

手順3 収穫（30〜40日後）

15〜20cmで収穫

草丈が15〜20cmに生長し、尻部の張ったものから順次収穫できますので、株元をはさみで切って収穫します。また、ミニチンゲンサイの場合は草丈10〜12cmぐらいで収穫してもよいでしょう。

外葉を持ち、株の根元をはさみで切ります

チンゲンサイの病害虫対策

チンゲンサイはコナガ、アオムシ、アブラムシの害虫に注意が必要です。特に害虫の発生しやすい夏季は、寒冷紗などをトンネル状に覆うと効果的です。

また、コナガやアオムシなどにはBT剤を、アブラムシにはDDVP乳剤、マラソン乳剤などを散布して防除します。

★☆☆☆☆

タアサイ アブラナ科

寒さにあたって おいしくなる中国野菜

よくある失敗と対策

- 虫食いが多い ☞ 寒冷紗のトンネル栽培をする
- 秋まきで株が広がらない ☞ 株間を広くする

▶オススメの品種／特になし
▶連作障害／あり（1～2年はあける）
▶コンテナ栽培／できる（深さ15cm以上）

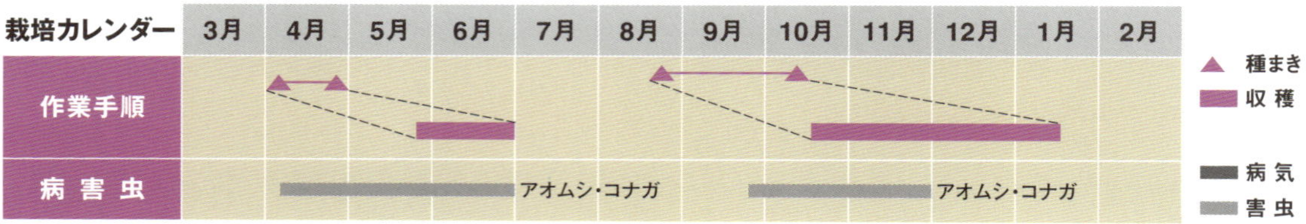

タアサイの特性と品種

食味のよい秋まき冬どりで育てたい

タアサイは草姿が独特で、特に秋から冬にかけては葉が地面に張りつくように横に広がり、まるで濃緑色のバラの花を想わせます。

チンゲンサイと並ぶ代表的な中国野菜で、歯切れのよさ、クセのない味わい、煮くずれしないしっかりとした葉で、おひたし、和え物、煮物、鍋物、炒め物などの料理に最適な野菜です。さらに、栄養価も高くビタミンA、Cおよびミネラルを豊富に含んでいるため、健康野菜ともいえます。

日本にも漬け菜の一種で如月《きさらぎ》菜《な》というものがありますが、これはタアサイが日本に土着したものだといわれています。

暑さにも強いのですが、特に耐寒性が強く、寒い時期に収穫したほうが葉も軟らかくておいしくなります。その強健な特性から、種まきの適期が4～10月と、長期間の栽培が楽しめます。害虫が多い場合は、寒冷紗などをトンネルがけして栽培しましょう。

また、栽培時期によって草姿が変わるのも特徴で、冬は地面に這うように広がりますが、春～夏にかけてはチンゲンサイのように立ち性になります。

品種は特にありませんが、タアサイやタアツァイなどの名称で各種苗会社から発売されています。

手順1 畑づくり・種まき

発芽まではこまめに水やり

畝《うね》幅60cmとして種まき1～2週間前に石灰100g/m²を散布して耕します。中央に深さ20cmの溝を掘って堆肥2kg/m²、化成肥料100g/m²を施して土を戻し、平畝をつくります。条間を30cmとして2列のまき溝をつけ、1cm間隔で種をすじまきして薄く覆土します。水やりはたっぷりと行い、発芽までは乾かないように水をやります。

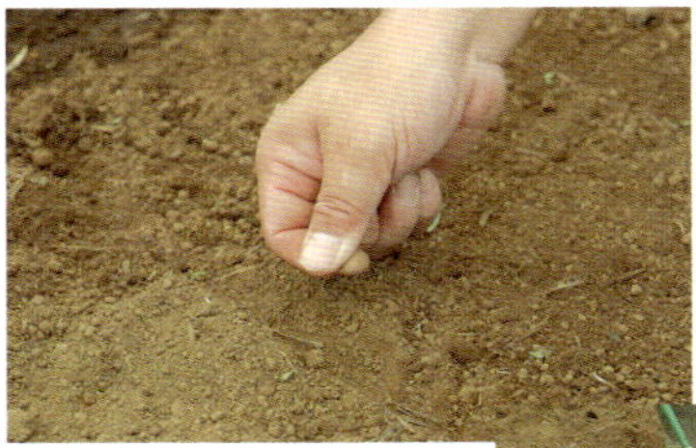

❶ 1cm間隔で種をすじまきします

❷ たっぷりと水をやります

手順2 間引き・追肥・土寄せ

株間を広げて大きな株にする

発芽して双葉が展開したら3～4cm間隔に間引き、ぐらつかないように株元に軽く土寄せします。本葉2～3枚で株間5～6cmに間引き、化成肥料30g/m²を追肥し、土寄せします。

生長とともに間引きと追肥をしながら、**最終的に株間が15～20cmになるようにします。**

成功するコツ

❶ 間引き収穫をして株間を15～20cmぐらいまで広げます

❷ 株間が狭いと横に広がらずに上にのびてしまい、葉が混んで生育が悪くなります

手順3 収穫（40日後）

株の直径が20～25cmになったら収穫

夏まきの場合は種まき後約35～40日、秋まきの場合は、約50日程度で収穫できます。特に秋まきでは生育後半が寒冷期になるため、甘みが多くおいしさが増します。

株元を切って収穫します

タアサイの病害虫対策

アオムシ、コナガの発生が見られたらBT剤を散布します。また、寒冷紗をトンネル状にかけて栽培（ネット栽培）すると、害虫の侵入を防ぐことができ、無農薬栽培が可能となります。

★☆☆☆☆

アブラナ科

カイラン

夏でも栽培できるので重宝する中国野菜

よくある 失敗 と 対策

失敗		対策
茎が硬い	☞	手で折れるところから収穫する
食べるとスジっぽい	☞	株間を狭めて植える

- オススメの品種／特になし
- 連作障害／あり（1〜2年はあける）
- コンテナ栽培／できる（深さ15cm以上）

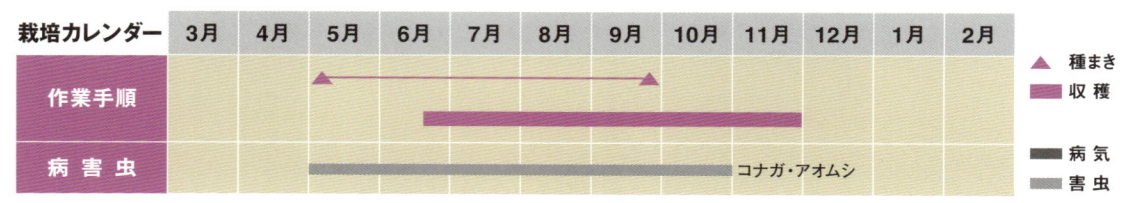

栽培カレンダー	3月	4月	5月	6月	7月	8月	9月	10月	11月	12月	1月	2月
作業手順			▲				▲					
病害虫									コナガ・アオムシ			

▲ 種まき　収穫　病気　害虫

カイランの特性と品種

とう立ちに注意しながら栽培する

カイランは、アブラナ科のキャベツの仲間ですが、結球はせず、利用するのは太さが2cm程度に肥大した茎と小さな花蕾《からい》です。開花すると白くきれいな花を咲かせます。

ヨーロッパが原産といわれ、中国南部から東南アジアでよくつくられる野菜です。ブロッコリーの原形のような野菜で、独特の風味があります。

生育特性は暑さにも強いので、夏の葉菜としておすすめです。種まきの適期は、5月上旬から9月頃で、種まき後約50日程度で収穫できます。しかし、花がすぐ咲くので、早めの収穫を心がけます。

日本ではあまり栽培されていないマイナーな野菜といえ、「カイラン」ないし「芥藍」と表示されている種を購入します。

ちなみに、最近人気の茎ブロッコリーに、スティックセニョールという品種がありますが、このカイランが片方の親です。

カイランは花が咲く前に収穫

手順 1 畑づくり・種まき

苗が育つまではたっぷりと灌水

畝《うね》幅60cmとして種まき1週間前に石灰100g/m²を散布して耕します。1週間前に中央に深さ15cmの溝を掘って堆肥2kg/m²、化成肥料100g/m²を施し、土を戻して平畝をつくります。条間20cmの2条まきで**株間10〜15cm（株間が広すぎるとスジっぽくなります）**、1か所4〜5粒の点まきにします。覆土して水をやり、発芽までは乾かないように水やりします。

❶株間10〜15cmで1か所に4〜5粒種をまきます

❷軽く土をかぶせて手でおさえます

手順 2 間引き・追肥・土寄せ

2回目の間引き以降に追肥

発芽したら3本立ちにして株元に軽く土寄せをします。本葉2〜3枚で2本立ちにします。2回目の間引き後に化成肥料30g/m²を株間に施し、土寄せします。

本葉4〜5枚で1本立ちにし、同量の化成肥料を追肥し、土寄せします。以後、生育不良な場合は追肥します。

❶2本立ちにしたら追肥、土寄せします

❷本葉4〜5枚になったら1本残して間引きます

手順 3 収穫（50〜60日後）

蕾《つぼみ》ができた頃から収穫

蕾が見えはじめたら、**先端から長さ20cmぐらいのところで手でポキッと折り取るか、はさみなどで切り取って収穫します。**

また、草丈が15cmぐらいになった頃から、若どり菜として利用できます。

先端から長さ20cmぐらいのところを切ります

カイランの病害虫対策

カイランでは、コナガやアオムシ、アブラムシなどの害虫被害が多く見られます。

コナガにはBT剤を散布し、アブラムシにはオレート液剤を散布して、しっかりと防除しましょう。

★☆☆☆☆

エンサイ【クウシンサイ】 ヒルガオ科

わき芽がどんどん育つ収穫が楽しみな中国野菜

よくある失敗と対策

- 芽が出ない ☞ 一昼夜水に浸した種をまく
- 葉の色が薄くなった ☞ 追肥して水をたっぷりやる

▶オススメの品種／特になし
▶連作障害／あり（2〜3年はあける）
▶コンテナ栽培／できる（深さ30cm以上）

栽培カレンダー	3月	4月	5月	6月	7月	8月	9月	10月	11月	12月	1月	2月
作業手順（種まき）			▲	―	―	▲						
作業手順（収穫）				■	■	■	■	■				
病害虫	特に心配ありません											

▲種まき　■収穫　■病気　■害虫

エンサイの特性と品種

初夏に種まきすれば秋まで収穫できる

エンサイは、ヒルガオ科でサツマイモと同じ仲間ですが、イモはできないので窒素を多めに施し、過《か》繁《はん》茂《も》（葉を繁らせる）にして栽培します。高温多湿の条件でよく生長し、収穫しても次々にわき芽が伸びます。

5月に種まきすれば10月まで収穫できる家庭菜園向きの野菜で、クセがなく油炒めやごま和えなどに向きます。

しかし、寒さには弱く、10℃以下では生育が止まり、霜に当たると枯死してしまいます。

葉の形状によって柳葉形と長葉形にわけられますが、日本ではエンツァイ、エンサイ、クウシンサイなどの野菜名をそのまま品種名として売り出している種苗会社が多く、固有の品種は特にありません。

市販の種ならどれを購入してもよいでしょう

手順1 土づくり・種まき

一昼夜水に浸してから種まき

植えつけ2週間前に石灰150g/m^2を畑全面に散布して耕します。1週間前に堆肥2kg/m^2、化成肥料100g/m^2をまいて土と混ぜ、幅70〜100cm、高さ10cmの畝をつくります。**一昼夜水に浸し、十分に吸水させた種をまきます。**株間30cmにくぼみをつくって、1か所に3粒の点まきとし、たっぷりと水をやります。

❶ 株間30cmで1か所に種を3粒まきます

成功するコツ

❷ 土をかぶせて軽くおさえ、たっぷりと水をやります

手順2 追肥

成功するコツ

2週間に1回の追肥

10月頃まで長期間収穫可能な野菜ですから、**肥切れを起こさないよう2週間に1回は、化成肥料30g/m^2を追肥します。**液肥500〜1,000倍を、水やりをかねて1週間に1回与えると、よく育ちます。

また、保湿や雑草防除のために敷きわらをしてもよいでしょう。

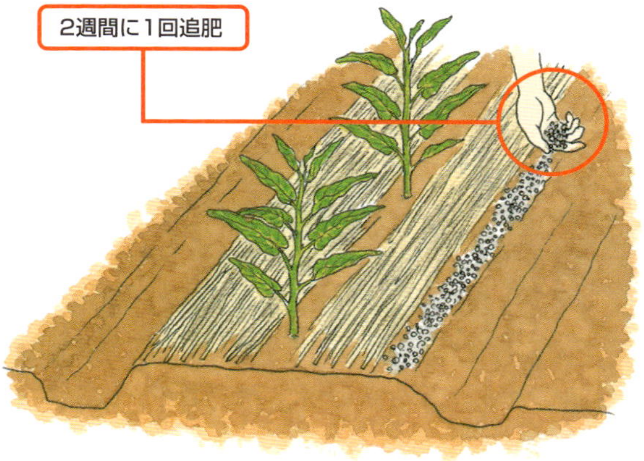

手順3 収穫（40〜50日後）

わき芽のやわらかいところを収穫

エンサイは、伸びてきたわき芽を次々に利用していく栽培方法です。そのため、最初の収穫は草丈が20cm程度に生長してきた頃に、地面から5cmほどを残して摘み取ります。その後は、肥切れに気をつけながら、わき芽が20〜30cmに伸びてきたら順次摘み取って収穫しましょう。

わき芽が茂ってきたら、つる先のやわらかい部分を、15〜20cmぐらいに切って収穫します

エンサイの病害虫対策／エンサイは病害虫の心配はほとんどありません。家庭菜園の野菜の中でも、無農薬で十分に栽培可能ですので、安心して栽培できます。

★★★★★

バジル シソ科

フレッシュバジルの香りを楽しむ

よくある 失敗 と 対策

失敗	対策
発芽しない	適期に種をまく
葉が硬い	肥料と水をたっぷり与える

- ▶オススメの品種／スイートバジルなど
- ▶連作障害／なし
- ▶コンテナ栽培／できる（深さ15cm以上）

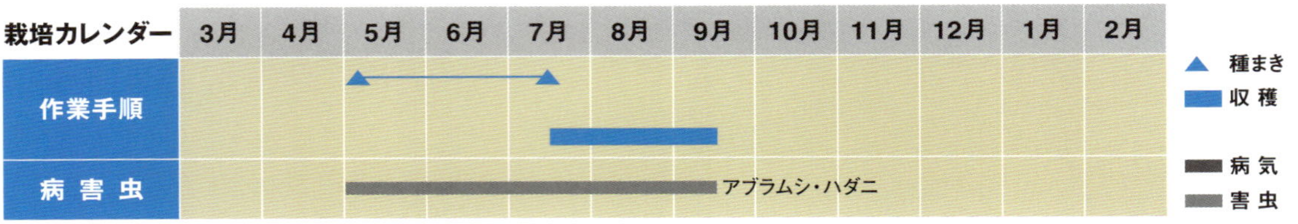

手順 1 種まき

5～7月に種まき

種まき前に堆肥、腐葉土などを2～3kg/m²施します。元肥《もとごえ》は化成肥料を約100g/m²施します。

すじまきか、株間40cmで1か所に3～4粒の点まきにし、覆土は薄く水をたっぷりやります。気温が低い場合は、ポットまきにして本葉5～6枚で植えつけるとよいでしょう。

手順 2 主な栽培管理

成功するコツ

水やりをしっかりと行う

発芽したら、土が乾かないように水やりします。生育とともに葉が混み合わないように間引き、最終的に本葉6～8枚で株間40cmになるようにします。

草丈が15cm以上になったら収穫できます。わき芽を残し、葉のみ摘み取って収穫します。花蕾《からい》ができたら開花する前に摘心します。花蕾が育つと養分が取られてしまい、質のよい葉ができなくなります。

バジルの病害虫対策／アブラムシやハダニがつくことがあるので、見つけ次第捕殺し、早めに防除しましょう。

★☆☆☆☆

ミント類 シソ科

爽やかな香りが畑に広がる

キャットミント

よくある失敗と対策

芽が伸びすぎて倒伏した ☞ 定期的に刈り込みをする

手順1 種まき

4～6月か9～10月に種まき

元肥を投入した畑に種をすじまきし、たっぷりと水をやります。発芽後は込んでいるところを間引き、4～5cmの間隔をあけます。

手順2 主な栽培管理

香りのよい葉先を収穫する

土が乾かないように水やりし、本葉が増えてきたら先端を摘み取りながら収穫します。3月頃になったら、根茎を15cmくらいに切って植え、株を更新します。

★☆☆☆☆

タイム シソ科

見た目も美しく栽培の簡単なハーブ

よくある失敗と対策

下葉がなく見た目が悪い ☞ 刈り込みをして草姿を整える

手順1 種まき

4～5月頃に種まき

ピートバン（ヤシ繊維を圧縮した土）などに種をまき、発芽したら5～6cm間隔に間引きます。草丈が7～8cmくらいになったら、高畝に株間30cmで植えつけます。

手順2 主な栽培管理

2年目から収穫

夏場は乾燥を防ぐために敷きわらをします。1年目は収穫せず、2年目に葉の先端を摘んで収穫します。枝が混んできたら下の枝を刈り込んで、風通しをよくします。

★★☆☆☆

フェンネル セリ科

独特の芳香の種子や葉を利用

よくある失敗と対策

失敗	対策
株が太らない	適期に種をまく
葉がひどく食害される	キアゲハの幼虫を捕殺する

- ▶オススメの品種／フローレンスフェンネルなど
- ▶連作障害／なし
- ▶コンテナ栽培／できる（深さ15cm以上）

栽培カレンダー	3月	4月	5月	6月	7月	8月	9月	10月	11月	12月	1月	2月
作業手順		▲	▲									
		●			●							
			■	■	(2年目から)			■	■	■		
病害虫				■	■	■	■	キアゲハなど				

▲ 種まき　● 植えつけ　■ 収穫　■ 病気　■ 害虫

手順1 菜園で育てる

成功するコツ

4～5月に種まき

畑に堆肥、腐葉土などを2～3kg/m^2、化成肥料を約100g/m^2施し、40～50cm間隔で植えつけます。種から育てる場合はポットに5～6粒まき、本葉3枚で1本立ちにします。**月に1回1株当たり小さじ1杯（約5g）の化成肥料を株元に施して土寄せします。**1年目は10～12月、2年目以降は5～6月と10～12月に収穫できます（毎年3～4月に堆肥を株元に施します）。

手順2 コンテナで育てる

苗を購入して標準プランターに3株植え

苗を購入し、ハーブ用ブレンドの配合土をコンテナに入れ、用土10ℓ当たり化成肥料を大さじ1杯（約10g）混合します。容量10ℓの標準プランターないし大型プランターに、25cm間隔で3株植えつけます。草丈が30cmになったら月に1回、大さじ1杯の化成肥料を株元に施します。収穫は1年目は10月から、葉、花、種と全部が利用可能です。

フェンネルの病害虫対策／セリ科の野菜につきやすいキアゲハの幼虫による害虫被害に注意します。1～2匹なら心配ありませんが、見つけ次第捕殺します。

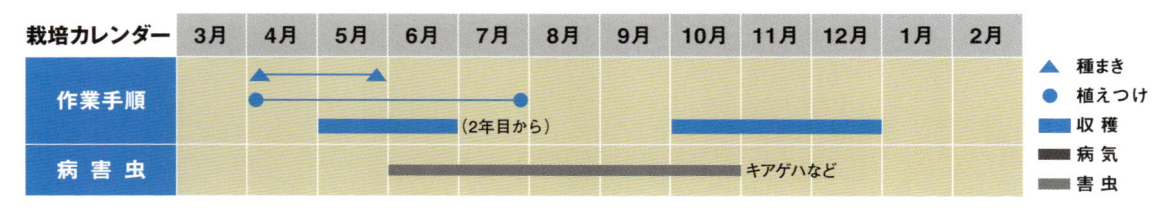

★☆☆☆☆

シソ科

ローズマリー

真夏に咲く 薄紫色の花が美しい

よくある失敗と対策

苗が生長しない ☞ 水やりを控えめにする

手順1 植えつけ

5月か9月頃に植えつけ

市販苗を買い、5月頃か9月頃に植えつけます。元肥《もとごえ》を投入した畑に高さ20cmの高畝をつくり、株間60cmで植えつけます。

手順2 主な栽培管理

開花直前に刈り込み

開花直前になったら、株の下のほう1/3ぐらいを残して、枝を刈り込みます。株が大きくなったら、新芽を摘んで収穫します。刈り込まずそのまま利用する方法もあります。

★☆☆☆☆

シソ科

ラベンダー

リラックス効果のある 芳香が漂うラベンダー

よくある失敗と対策

冬に枯れた ☞ 寒さに強い品種を植える

手順1 植えつけ

窒素肥料は控えめに

9月頃、元肥と窒素肥料を控えめに施した畑に、市販苗を株間30cmで植えつけて越冬させます。根づくまでは寒《かん》冷紗《れいしゃ》をかけ、土が乾いたら水やりします。

手順2 主な栽培管理

開花前の花穂を収穫

6〜7月頃開花直前の花穂を茎葉ごと切り取って収穫します。また、梅雨に入る頃に下葉を4〜5枚残して刈り込みます。春先と収穫後は追肥を行います。

★☆☆☆☆

キク科

カモミール

咲きはじめの花をハーブティーに

よくある 失敗 と 対策

失敗		対策
芽が出ない	☞	ポットまきにして育苗する
開花期が短い	☞	花をまめに摘み取る

▶オススメの品種／特になし
▶連作障害／なし
▶コンテナ栽培／できる（深さ15cm以上）

栽培カレンダー	3月	4月	5月	6月	7月	8月	9月	10月	11月	12月	1月	2月
作業手順	●植えつけ	植えつけ●／収穫	収穫	収穫	収穫		●植えつけ	●植えつけ				
病害虫		害虫	害虫	害虫	害虫（アブラムシ）							

● 植えつけ　■ 収穫　■ 病気　■ 害虫

手順1 ミニ菜園で栽培する

成功するコツ

菜園畑の縁取りに最適

畑に堆肥、腐葉土などを2～3kg/m^2、化成肥料を約100g/m^{2}施します。植えつけは3～4月か9～10月に、20～30cm間隔で植えつけます。ポットまきの場合、発芽したら3本に間引き、本葉5～6枚の頃に植えつけます。追肥は月に1～2回、1株に化成肥料小さじ1杯（約5g）を施します。咲きはじめの花を摘んで収穫します。

手順2 コンテナで栽培する

花が咲いたらこまめに摘み取る

ハーブ用ブレンドの配合土をコンテナに入れ、用土10ℓ当たり化成肥料を大さじ1杯（約10g）混合します。容量10ℓのプランターに20cm間隔で植えつけ、日当たりのよい場所に置き、乾いたらたっぷり水をやります。追肥は週に1回液肥500倍を施すか、月に1回化成肥料大さじ1杯を株元に施します。花が咲いたらこまめに摘み取り、乾燥させて利用します。

カモミールの病害虫対策／アブラムシがついたらオレイン酸ナトリウム剤で防除します。また、間延びしてきたら、刈り込みをして病害虫の発生を防ぎます。

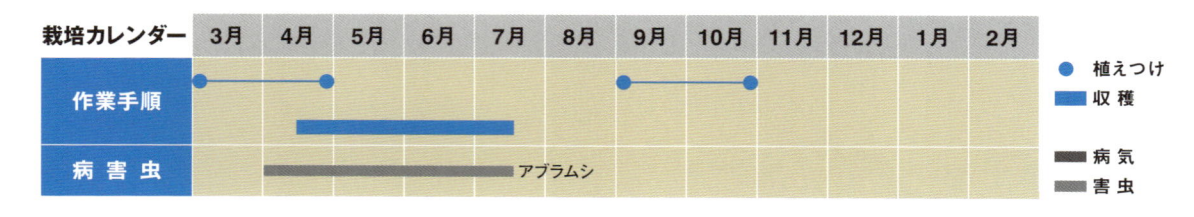

★☆☆☆☆

レモンバーム シソ科

ハーブティーに最適なレモンの風味のハーブ

よくある失敗と対策

葉が黄色くなる ☞ 追肥と水やりをしっかりと行う

手順1 植えつけ

やや日なたに植えつける

日当たりのよい場所に苗を植えつけます。種をまく場合は、4～5月か9月頃にポットまきして、ポットから白い根が見えたら植えつけます。

手順2 主な栽培管理

7～8月頃に収穫

月1回液体肥料を施すか2か月に1度化成肥料を施します。盛夏は夕方に水をやります。7～8月に小さい蕾《つぼみ》をつけるので、咲かないうちに収穫します。

★☆☆☆☆

セージ シソ科

葉色が美しく香りのよいハーブ

よくある失敗と対策

株が倒れる ☞ 支柱を立てる

手順1 植えつけ

春まきか秋まきで栽培

種まきは4～5月頃に2～3粒ずつのポットまきにします。発芽後に間引いて1本立ちにし、鉢底から根が見えたら植えつけます。

手順2 主な栽培管理

畑を乾燥気味にする

日当たりと水はけのよい場所に株間30～40cmで植えつけます。月に1回液体肥料か化成肥料を株元に施します。開花直前の株を収穫します。

用語解説

※野菜づくりをするうえで、知っておくと便利な用語を五十音順に解説します。用語の後の()は、読み方をあらわしています。

あ

赤玉土（あかだまつち）
火山灰土をふるいで大きさごとに分けたもので細粒から大粒までの種類があります。水はけ、水もち、通気性のよい酸性土です。種まき用土などに混ぜて使います。

秋まき（あきまき）
秋に種をまいて、冬から春にかけて収穫を行う栽培。

浅植え（あさうえ）
苗などの根が地表から出ない程度に浅く植えつけること。水はけの悪い場所に有効で、反対に茎が多少隠れる程度に植えると深植えになります。

油かす（あぶらかす）
ナタネ、ダイズなどから油を絞り取った残りかすのことで、有機質肥料のひとつ。

い

育種（いくしゅ）
病気に強い品種、収穫性が高い品種、味のよい品種などに改良すること。

石ナス（いしなす）
硬くて光沢のないナスの果実。低温などにより、種なし果になるためにできます。

移植（いしょく）
ポットまきなど、種をまいた場所から、育てる場所へと苗を植えかえること。

一代交配種（いちだいこうはいしゅ）
「一代雑種」や「F_1品種」ともいいます。遺伝子の異なる個体間の交雑による、雑種一代目の品種で、生育が旺盛《おうせい》でそろいがよい特性があります。

一年草（いちねんそう）
発芽から開花、枯死までが一年以内の植物。本来は多年草でも、日本の気候のもとだと一年草として扱われる植物も多く、野菜の多くがこれに該当します。

一番花（いちばんか）
その株で最初に咲く花のこと。第一花房《かぼう》。

一本立ち（いっぽんだち）
苗や株を間引いて1本だけ残すこと。

忌地（いやち）
一度収穫をした畑で、連続して同じ作物を栽培すると、芽が出なかったり、枯れたりするなどの障害が出ること。野菜の種類によって違いますが、1年から5年ぐらいの間隔をあけて栽培します。「連作障害」の項を参照。

う

ウイルスフリー
ウイルスに感染していない、または保有していないこと。

植え傷み（うえいたみ）
植えつけ作業などで根を傷め、成長が阻害されたり枯れたりすること。

植えつけ（うえつけ）
収穫する場所に苗を植えかえること。

畝（うね）
種や苗を植える場所の土をよく耕し、10～20cmの高さのベッド状に土を盛り上げた、野菜を植える場所。

畝幅（うねはば）
畝の肩から肩までの幅。

畝間（うねま）
畝と隣の畝までの間隔。

え

栄養系（えいようけい）

つぎ木やさし木など種をまかずに栄養繁殖でふやす植物。種まきでは親と同じ形質にならないことが多い。

液 肥（えきひ）

液体肥料のことで、速効性があるため、追肥の際に使用します。通常は指定の濃度まで水などで薄めてから使います。

塩類集積（えんるいしゅうせき）

雨に当たらないハウス栽培などでは、雨による肥料分の流出が少ないので、肥料の塩類が蓄積して肥料による障害が発生すること。

お

遅 霜（おそじも）

春先に降りる霜のこと。果菜の植えつけ後に霜が降りると苗が枯死します。晩霜ともいいます。

親づる、子づる、孫づる
（おやづる、こづる、まごづる）

子葉の成長点から伸びるつるが親づる。親づるの側枝が子づる。子づるの側枝が孫づる。

お礼肥（おれいごえ）

収穫後に疲労した株に施す肥料のことで、株を回復、再生させるために行います。

か

塊 茎（かいけい）

地中の茎の先が肥大したもので、デンプンなどを蓄えています。野菜ではジャガイモなどに見られます。

塊 根（かいこん）

根が肥大したもので、デンプなどを蓄えています。サツマイモなどに見られます。

花 茎（かけい）

花を咲かせるために伸びる茎。「とう立ち」の項を参照。

果 菜（かさい）

トマトやキュウリなど実を利用する野菜。ナス科、ウリ科、豆類などが含まれます。

化成肥料（かせいひりょう）

窒素、カリ、リン酸を化学的に合成し、2つ以上の成分を含んだ肥料のこと。用途により、窒素分の少ないものを使う場合もあります。

活 着（かっちゃく）

苗を植えつけた野菜が根づいて生育すること。

株 間（かぶま）

株と株の間隔。

株分け（かぶわけ）

株を分離させて別々に育成してふやすこと。過密になった株を若返らせるために行います。

花 房（かぼう）

花が房状になって集まったもの。

花 蕾（からい）

花の蕾《つぼみ》のことで、ブロッコリーやカリフラワーなどでは、この部分を食用部位として利用します。

カ リ

カリウムのこと。窒素、リン酸とともに、肥料の三要素のひとつ。

緩効性肥料
（かんこうせいひりょう）

成分が少しずつ、ゆっくりと効く肥料のこと。肥料やけが起こりにくい。

寒 肥（かんごえ）

12～2月頃の寒冷期に施す肥料のこと。徐々に分解して、春先に効いてきます。

間 作（かんさく）

畝の間や株と株の間に、違う野菜（作物）をつくること。

完熟堆肥（かんじゅくたいひ）

原料が十分に分解して、形も臭いもない状態まで発酵熟成の進んだ堆肥。

灌 水（かんすい）

土や植物へ水をやること。

寒冷紗（かんれいしゃ）

網目状の資材で、遮光、防寒、防虫、防風などの目的に使います。網目の大きさで遮光率が変わります。通常はプラスチック製の平織資材で、色は黒や白、灰色、銀色などさまざまなものがあり、目的によって使い分けます。

く

苦土石灰（くどせっかい）
苦土（マグネシウム）と石灰（カルシウム）を含んだ肥料のことです。土に散布することで、土壌の酸度を調整することができます。

鞍築（くらつき）
1株ごとに円形に盛り上げた畝《うね》のこと。

け

茎菜（けいさい）
茎の部分を食べる野菜のこと。アスパラガスやタケノコなどがあります。

結球（けっきゅう）
球状に葉が重なること。キャベツ、レタス、ハクサイなどに見られます。

結実（けつじつ）
実と種ができること。

こ

耕起（こうき）
畑を耕すこと。

光合成（こうごうせい）
太陽光、水、二酸化炭素から植物が有機物を合成する機能のこと。

交雑（こうざつ）
遺伝子の異なる植物を交配させることで、品種改良のために行われます。

根菜（こんさい）
イモ類やニンジンなど、肥大した地下部を利用する野菜。

混作（こんさく）
同じ畑に違う種類の野菜を2種類以上同時に栽培すること。イネ科とマメ科でよく行います。

し

じかまき
畑に直接種をまく方法。ダイコンなどの直根類や、軟弱野菜の場合に行います。

敷きわら（しきわら）
わらを畝や株の周りに敷き詰めること。畑の乾燥を防ぎます。また、雨による泥の跳ね返りを防ぐので、病害虫などを防ぐこともできるほか、除草の効果もあります。

雌雄異花（しゆういか）
ひとつの株に雄花と雌花が存在すること。ウリ科の野菜に多い。

雌雄同花（しゆうどうか）
ひとつの花に雄しべと雌しべがある花。

条間（じょうかん）
苗と苗の間隔や、すじまきの際のすじとすじとの間隔。

除草（じょそう）
雑草などを取り除くこと。

人工授粉（じんこうじゅふん）
人工的に雄しべを雌しべの柱頭に軽くなすりつけて受粉させること。

す

す入り（すいり）
根菜類などの根の内部に空洞ができること。

すじまき
溝をつけて、その溝の中に種をまく方法。

せ

整枝（せいし）
摘心《てきしん》、摘芽《てきが》、摘果《てきか》などの仕立て作業。

節間（せつかん）
葉や芽のつけ根とつけ根の間。

施肥（せひ）
肥料を施すこと。

剪定（せんてい）
混み合った枝を刈り取り、風通しや日当たりをよくすること。また、わき芽や主枝を調整するために行います。

そ

早生種（そうせいしゅ、わせ）
通常よりも早めに熟す品種。

反意語に晩生種があります。

速効性肥料
（そっこうせいひりょう）
効果が表れるまでの期間が早い肥料。

た

耐寒性（たいかんせい）
低温に耐える性質のこと。

台 木（だいぎ）
つぎ木の際に土台になる木（植物）のこと。

耐暑性（たいしょせい）
暑さ（高温）に耐える性質のこと。

堆 肥（たいひ）
植物などが腐熟した、有機質肥料のこと。

耐病性（たいびょうせい）
病気になりにくい性質のこと。

立ち性（たちせい）
茎やつるが上に伸びていく性質の植物。

多年草（たねんそう）
開花して結実した後も枯死することなく、長年生きる植物。

単為結果（たんいけっか）
受精や種子形成がなくても果実ができること。キュウリやバナナなど。

短日性（たんじつせい）
秋の日が短い条件で開花する性質。

ち

窒素肥料（ちっそひりょう）
肥料の三要素のひとつで、茎葉や根の生育を促して葉色をよくします。

中 耕（ちゅうこう）
株の周りの土を耕して土をやわらかく砕くこと。除草効果もあります。

柱 頭（ちゅうとう）
雌しべの先端部分で花粉がつく場所。

長日性（ちょうじつせい）
春の、日が長い条件で開花する性質。

鎮 圧（ちんあつ）
種まき、覆土の後に土をおさえること。

つ

追 肥（ついひ）
生育中に肥料を施すこと。

つぎ木苗（つぎきなえ）
台木についだ苗のこと。病気や低温などに強い植物を台木に使います。

土寄せ（つちよせ）
株元に土を寄せる作業。株を安定させます。

つるぼけ
つるばかり伸びて開花や結実がはじまらないこと。窒素肥料の施しすぎ、水はけが悪い、日照不足などが原因で起こる場合があります。

て

定 植（ていしょく）
苗や球根などを畑に植えつけること。

摘 心（てきしん）
茎や枝先の芽を摘み取る作業のこと。わき芽を伸ばしたり、株の草丈を調整するために行います。

天地返し（てんちがえし）
土の表土と心土をひっくり返すこと。栽培が続いて疲れた耕地で行います。

展着剤（てんちゃくざい）
薬剤が水に溶けて植物や病害虫に付着しやすくする薬剤。長ネギなどは表面がろう物質に覆われていて薬剤がつきにくいため、展着剤を混ぜた薬剤を散布しないと、薬剤が付着しないため効果が得られません。

点まき（てんまき）
一定の箇所に数粒の種をまく方法。豆類やダイコンなどに使います。

と

とう立ち（とうだち）
花茎が伸びてきて開花してくること。

トンネル栽培（とんねるさいばい）

寒冷紗やビニールなどでトンネル状に覆い、その中で栽培する方法。防寒対策や長雨を避ける、防虫などの目的で行います。

な

軟 化（なんか）

光や風を遮断して茎や葉を軟らかくすること。「軟白《なんぱく》」ともいいます。

に

2本立ち（にほんだち）

苗を間引いて2本にする作業や、トマトなどで主枝を摘心《てきしん》してわき芽を2本だけ伸ばす栽培方法のこと。

ね

根 鉢（ねばち）

ポットや鉢の中の、根と土のかたまりの部分。

は

バーミキュライト

保水性、保肥性に優れた、雲母状の蛭石《ひるいし》を焼いたもの。

胚 軸（はいじく）

種子の中の胚部分。またはスプラウト栽培など幼植物の子葉と根の間のことをいいます。

初 霜（はつしも）

はじめて降りる霜のこと。東京近郊では、一般的に11月下旬頃に初霜が降りるとされ、栽培の際の目安となります。

ばらまき

種を畑にぱらぱらとまんべんなくまく方法。

春まき（はるまき）

春に種をまいて、夏前に収穫を行う栽培方法。単純に春に種をまくことを意味する場合もあります。

晩生種（ばんせいしゅ、おくて）

通常の時期よりも遅れて熟す品種のこと。反意語に早生種があります。

晩 霜（ばんそう）

春から初夏にかけて降りる霜。遅霜ともいいます。

ひ

光発芽種子
（ひかりはつがしゅし）

発芽するときに光が必要な性質の種。レタスなど。

肥料焼け（ひりょうやけ）

肥料成分が多すぎて起こる障害。肥《ひ》焼《や》けともいいます。

品種改良（ひんしゅかいりょう）

交雑させて品種をつくり出すこと。病害抵抗性や収量、味などの点でより優れた品種にするために行います。

ふ

覆 土（ふくど）

種をまいた後に土をかぶせること。

腐葉土（ふようど）

落葉した広葉樹の葉が腐熟したもの。

分 球（ぶんきゅう）

球根類で球根の数が増えること。人為的に球根を分ける場合もいいます。

分げつ（ぶんげつ）

イネ科の野菜など、根に近い部分の茎の節から枝分かれすること。もしくはその枝分かれした茎のこと。

分 枝（ぶんし）

わき芽が伸びて生長し、枝になること。

へ

pH値（ぺーはーち）

水素イオン濃度指数のことで、酸性の強さやアルカリ性の強さを表わす単位。0～14まであり、7.0を中性として、数値が小さいほど酸性が強く、大きいほどアルカリ性が強いことを表わします。

べたがけ

防寒、防風、防虫などのために、不織布をかけること。

ほ

ホットキャップ

ポリフィルムなどをドーム形にした資材。保温、防風、防虫などの目的で、植えつけ後などに苗を覆って使用します。

ポリマルチ

ポリエチレン製のフィルムでマルチングをすること。

ホルモン散布（ほるもんさんぷ）

開花期の花にホルモン剤を散布して単為結果させること。

ま

間引き（まびき）

発芽後などに込み合った苗や株を引き抜く作業。

マルチング

地温を高めたり、水分蒸発を防ぐために、畝《うね》をフィルムなどで覆って栽培する方法。除草の効果もあります。

め

芽かき（めかき）

主枝を伸ばすために、不要な芽を摘み取る作業。

も

元肥（もとごえ）

あらかじめ畑に施しておく肥料のこと。通常は堆肥と化成肥料を施します。

ゆ

誘引（ゆういん）

枝や茎をひもで支柱などに結んで、茎やつるを正しい方向に伸ばすこと。

有機肥料（ゆうきひりょう）

堆肥、油かす、鶏糞、骨粉など有機質の肥料。

よ

葉鞘（ようしょう）

葉身と節の間にある、茎を巻いているようにさや状になっている部分。イネ科やセリ科の野菜によく見られます。

葉身（ようしん）

葉の広がった緑色部分。

葉柄（ようへい）

葉身の根元の、柄のようになった部分のこと。

ら

ランナー

親株から伸びた、子株をつける茎。茎の先端に子株を形成し、地面につくと発根してふえていきます。匍匐《ほふく》枝ともいい、イチゴなどに見られます。

り

鱗茎（りんけい）

球形や卵形に肥大した地下茎の一種。

輪作（りんさく）

毎年場所をかえて栽培する方法。病害虫や地力の低下を防ぐために、一度収穫した場所に違う種類の植物を植えます。

リン酸（りんさん）

肥料のひとつで、開花や結実を促進する効果があります。

れ

連作障害（れんさくしょうがい）

同じ畑に同じ植物を続けて栽培することで起こる障害のこと。

ろ

露地栽培（ろじさいばい）

外で行う栽培のことで、トンネル栽培やビニールハウスを使わない、自然の栽培方法。

わ

矮性種（わいせいしゅ）

草丈が大きくならないように品種改良したもの。

わき芽（わきめ）

先端以外の節から出る芽。葉のつけ根の上側に出ることが多い。

●著者紹介

藤田 智(Fujita Satoshi)

1959年秋田県生まれ。恵泉女学園大学園芸文化研究所教授。野菜づくりの楽しさを知ってもらいたいと、テレビやラジオの番組など多方面で活躍。最近ではインターネットを使った野菜づくり教室「E-ラーニング」で栽培指導を行う。主な著書は『別冊NHK趣味の園芸 こだわりの家庭菜園』(共著、NHK出版)、『やさしい野菜ガーデン』(主婦と生活社)、『ベランダ畑』(監修、家の光協会)など。

「よくある失敗《しっぱい》」と「対策《たいさく》」がわかる 野菜《やさい》づくり

著　　者　藤田《ふじた》 智《さとし》
発 行 者　中村 誠
印 刷 所　図書印刷株式会社
製 本 所　図書印刷株式会社

発行所　株式会社 日本文芸社
〒 101-8407　東京都千代田区神田神保町1-7
TEL 03-3294-8931【営業】 03-3294-8920【編集】

Printed in Japan112050405-112140812Ⓝ17
ISBN978-4-537-20355-4
URL http://www.nihonbungeisha.co.jp/

編集担当　吉村